文韵匠心——中职语文教育教学实践与经验分享

刘蓉蓉 / 著

吉林出版集团股份有限公司
全国百佳图书出版单位

图书在版编目（CIP）数据

文韵匠心:中职语文教育教学实践与经验分享/刘蓉蓉著.-- 长春:吉林出版集团股份有限公司,2024.12.--ISBN 978-7-5731-6016-4

I.G633.302

中国国家版本馆CIP数据核字第2024BR8151号

WENYUN JIANGXIN：ZHONGZHI YUWEN JIAOYU JIAOXUE SHIJIAN YU JINGYAN FENXIANG

文韵匠心：中职语文教育教学实践与经验分享

著　　者　刘蓉蓉
责任编辑　宫志伟
装帧设计　曹　妍

出　　版　吉林出版集团股份有限公司
发　　行　吉林出版集团社科图书有限公司
地　　址　吉林省长春市南关区福祉大路5788号　邮编：130118
印　　刷　唐山楠萍印务有限公司
电　　话　0431-81629711（总编办）
抖 音 号　吉林出版集团社科图书有限公司 37009026326

开　　本　710 mm × 1000 mm　1 / 16
印　　张　14.25
字　　数　280 千字
版　　次　2024 年 12 月第 1 版
印　　次　2024 年 12 月第 1 次印刷

书　　号　ISBN 978-7-5731-6016-4
定　　价　68.00 元

目录

第一部分 论文著述

第二部分 教育随笔

第三部分 教学案例与育人案例

第一部分
论文著述

第一篇　融媒体时代背景下中职语文应用文写作教学的优化策略探究

摘要：随着融媒体时代的到来，中职语文应用文写作教学面临着新的挑战和机遇。本文旨在探讨在融媒体时代背景下，应当如何优化中职语文应用文写作教学，提高教学效果。通过分析当前教学实践的现状，本文提出了一系列创新改革方法，包括整合教学资源、结合职业需求更新教材内容、创新教学方法以及增强教师的教育信息化能力。研究结果表明，这些策略能够有效提升中职语文应用文写作教学的质量和效率。

关键词：融媒体时代；中职语文；应用文写作；教学优化

引　言

在当今融媒体时代，信息传播方式和教育环境经历了显著的变革。在这种背景下，中职语文应用文写作教学面临着新的挑战和机遇。中职教育作为职业教育体系中的关键环节，其语文教学，尤其应用文写作教学的质量，对学生的职业素养和综合能力有着直接而深远的影响。因此，探究融媒体时代背景下中职语文应用文写作教学的优化策略，对提升教学质量、培养适应社会需求的人才具有重要意义。

一、中职语文应用文写作教学实践现状

（一）重视度不高

在中等职业教育学校（以下简称“中职学校”）中，语文应用文写作

教学的重要性并未得到充分的认识和重视。根据教育部的统计数据，仅有30%的中职学校将应用文写作设为必修课程，而这一比例在高等教育机构中高达80%。这种差异直接影响了中职毕业生的写作技能和实际应用能力。例如，一项针对中职毕业生的调查显示，超过50%的受访者在撰写求职信时感到困难，这不仅影响了他们的求职成功率，而且反映了学校教育与职场需求之间的脱节现象。学生对应用文写作的态度也值得人们关注。多数学生将写作任务视为一种应付学校要求的手段，而非提升个人沟通技能的途径。这种心态的形成，部分原因在于教学方法的单一和缺乏实践性。为改变这一现状，学校和教师可以采取更加多样化的教学策略，例如通过模拟职场情境来增强学生的写作实践经验[1]。

（二）教学内容的局限性

在探讨中职教育的应用文教学内容时，我们不得不面对一个现实问题，即教学内容的局限性。据统计，超过70%的中职学校在应用文教学上主要依赖教科书，而这些教材的内容更新频率较低，平均每5年才更新一次。这种滞后性造成了一个普遍现象——新教材老案例，即教材虽新，但所使用的案例和数据已过时。例如，在一本2019年出版的应用文写作教材中，关于求职信的案例使用的仍然是2010年的数据和格式，这与当前的求职市场对格式的要求已有较大出入。这种脱节不仅影响了学生的学习体验，还限制了他们对未来职业生涯的准备。教材内容往往未能充分考虑中职学生的特殊需求和背景。一项针对中职学生的调查显示，约65%的学生表示，他们希望教材能够更多地结合其所学专业的特点和生活实际，例如增加与他们专业相关的应用文写作案例和练习。当前的教材内容在这方面做得并不充分，因此学生难以接触并掌握与自己专业和生活紧密相关的应用文写作知识和技能。

（三）教学方法单一

在当前中职学校的应用文写作教学中，普遍存在教学方法单一的问题。具体来看，教师主要采用讲授法，这种方式往往遵循传统的教学模式，详细讲解应用文的定义、作用、分类、结构及写作技巧等基础知识。但该教学方法忽视了对学生实际写作技能的培养，未能有效提升学生的写作能力。在教学过程中对现代信息化教学手段应用的不足，未能充分利用图片、文字、音频、视频等多媒体资源，也极大地限制了学生获得直观生动的学习体验的机会。例如，一项调查显示，仅有30%的中职学校在应用文写作教学中使用了多媒体资源，而这一比例在高等教育机构中高达70%。这种差异表明，中职学校在教学方法上存在很大的改进空间。教学中缺乏对学生个体差异的关注，没有根据不同学生的写作水平和需求实施差异化教学。例如，一项针对中职学生的写作能力调查发现，不同学生的写作水平存在显著差别，但教学方法并未能针对这些差异进行调整，教学效果参差不齐[2]。

二、融媒体时代对中职语文应用文写作教学创新改革的影响

（一）积极影响

1. 内容的多元化和创新

在融媒体环境下，应用文写作的教学得以跳出传统的单一文字教材框架。例如，借助微信、微博等社交媒体平台，教师能够引入包括短视频、直播等在内的多样态内容，使课堂变得生动活泼。这种具有多样性的教学形式不仅提升了学生的学习热情，而且通过不同形式的媒介内容，使学生能够更加直观地理解各类应用文的写作技巧和风格。

2. 教学方法的拓展和升级

随着技术的不断进步，多媒体教学、在线课堂等新型教学手段得以广泛应用。应用文写作课程不再是单纯的文字讲解，而是可以通过互动式教学、在线讨论等方式进行。这种方法不仅提高了学生的参与度，还通过模拟实际工作场景，如在线商务沟通等，增强了教学的实践性。

3. 实践能力的显著提升

融媒体平台极大地拓宽了学生的实践渠道。学生不仅能够在这些平台上发表自己的文章，还能通过参与线上项目、撰写推广文案等方式，获得实际操作经验。这样的实践经历不仅有助于学生掌握各类应用文的写作技巧，而且能帮助他们了解行业动态，为未来的职业生涯打下坚实的基础。

（二）消极影响

1. 信息过载与碎片化

在融媒体时代，信息如同洪水般汹涌而来，学生常常发现自己被淹没在信息的海洋中。据统计，每天有超过300万条新信息在互联网上产生，这使学生极易受到信息过载的困扰。其中，信息碎片化现象尤为严重，学生所接收到的大量零散信息往往难以形成系统的知识结构，这直接影响了他们的学习效率和深度。例如，一项针对高中生的调查显示，超过60%的学生表示，他们在查找资料时经常需要跳转于不同的网页之间，难以长时间专注于某一主题，这无疑削弱了他们对知识的深入理解。

2. 技术依赖与忽视基础

技术依赖也成为一个不容忽视的问题。随着融媒体技术的普及，学生越来越倾向于使用各种技术工具来完成学习任务，这会使他们对基础知识有所忽视。例如，一些学生可能会过度依赖在线翻译工具，而忽视了对语言基础的学习。这种依赖性不仅影响了学生的写作质量，还可能使他们在表达上过于依赖模板，缺乏个性和创新[3]。

3. 教师技能与素质要求提高

在这个时代，教师也面临着新的挑战。为了适应融媒体环境下的教学需求，教师需要不断提升自己的技能和素质。他们不仅要掌握如多媒体教学、在线教学等信息技术手段，还要具备筛选和整合网络资源的能力。例如，一位优秀的教师可能会利用在线教育平台，结合视频、音频和互动式练习，为学生创造一个丰富多样的学习环境。同时，教师还需要培养并提升自己的信息素养和批判思维，以确保能够为学生提供高质量的教学内容。

三、融媒体时代中职语文应用文写作教学创新改革方法

（一）整合教学资源，丰富教学内容

1. 纳入多样化的多媒体资源与数字平台

视频教学资料：融合与应用文写作相关的视频教程，例如写作技巧解析、实际案例研讨等，通过视听结合的双重感官体验，帮助学生更形象地把握知识点。

图像与图表：运用丰富的图像与图表来阐释繁杂的理论或流程，助力学生快速掌握与记忆。

互动式软件工具：运用互动式软件工具或平台，例如在线写作系统、语法纠错工具等，增强学生的参与感和练习成效。

2. 拓宽教学途径，利用多种融媒体平台

社交媒体网络：运用社交媒体网络平台，例如微博、微信等，发布教学更新内容、分享学习资料，与学生实现即时互动。

在线教育平台：利用在线教育平台，例如慕课、网易云课堂等，提供网络课程，方便学生灵活安排时间进行自我学习。

专业论坛与博客：指导学生关注专业论坛与博客，掌握最新的写作方法论和行业资讯，拓宽学术视野。

（二）结合职业需求，更新教材内容

1. 教材内容的更新策略

引入最新行业案例：例如，将2023年度的成功商业案例融入教材，如某科技公司的市场推广策略，使学生能够直观理解应用文写作在实际工作中的应用。

增加实用写作技巧：具体包括如何撰写结构清晰的求职信、如何制订详尽的商业计划等，这些技巧的教授将直接提升学生的实际应用能力。

更新法律法规内容：结合最新的《中华人民共和国劳动法》和商法等相关法律法规，更新教材中的相关章节，确保学生能够了解并掌握符合当前法律环境的写作规范。

2. 教材内容的针对性和实用性提升

针对不同专业定制不同的内容：例如，对商务专业的学生，教材中会增加国际贸易文书的写作技巧；对工程专业的学生，侧重于讲授技术报告的撰写方法。结合就业市场需求调整教学内容：通过分析2023年度的就业市场报告，调整教学重点，确保教学内容能够与行业需求同步。强化实践应用环节：增加模拟面试、实际案例分析等实践活动，使学生能够在模拟环境中练习所学知识，增强实践能力。

（三）创新教学方法，提高教学效果

1. 引入案例教学、项目教学等多元化教学方法

教师引入了案例教学和项目教学的多元化教学方法。在案例教学方面，教师精心挑选并编写了具有代表性和实践性的案例，例如在实际工作中的合同撰写和公文处理等，确保这些案例既真实又具有时效性。通过引导学生对这些案例进行深入分析和讨论，以帮助他们掌握了应用文写作的

基本知识和技巧。教师还结合案例分析的结果，指导学生进行实际的写作练习，以此提高其在具体情境中的应用能力。在项目教学方面，教师根据学生的学习需求和职业发展方向，设计具有实践性和挑战性的项目，如商业计划书的编写和活动策划等。并鼓励学生通过自主或团队协作的方式完成这些项目，从而在项目实施过程中锻炼其写作能力和团队协作能力。在项目完成后，教师对成果进行评价和反馈，帮助学生识别并改进自身的不足。

2. 利用信息技术手段，提升教学效果

教师充分利用了信息技术手段来提升教学效果。例如，利用多媒体技术制作了生动形象的教学课件，这些课件包含了文字、图片、音频和视频等多种形式，极大地提高了学生的学习兴趣和参与度。在课件中，教师还融入了互动环节，如问答题和选择题，以引导学生积极参与课堂互动。并将教学课件和相关资源上传至在线平台，方便学生随时随地进行学习和复习。教师还开发了应用文写作的在线课程，为学生提供更加灵活便捷的学习方式。通过在线教学平台，实现师生之间的实时互动和交流，及时解答学生的疑问并给予指导。教师还利用在线平台收集学生的学习数据和反馈意见，对教学效果进行及时评估和调整。

（四）增强教师的教育信息化能力

1. 提升信息化教学意识

教师应意识到信息化教学对提高教学质量和满足学生个性化需求的重要性。为此，学校可以组织教师定期参与信息化教学培训和研讨会，例如，每年至少参加两次培训，确保教师能够接触最新的教学理论和技术。

2. 加强信息技术知识和技能培训

学校应安排教师参加专门的信息技术培训，例如，每学期至少参加一次多媒体教学和在线教学技术培训。同时，鼓励教师利用如Coursera、 edX等在线学习平台自主学习，以及通过博客等教育技术资源不断提升自身技能。

3. 整合信息技术与教学内容

鼓励教师在应用文写作教学的过程中运用信息技术，例如，使用博客、微博等平台进行写作练习和作品展示。教师可以利用多媒体资源，如视频、音频和图片来丰富教学内容，从而提高学生的学习兴趣。

4. 利用信息化教学平台

学校应推广使用如慕课、网易云课堂等在线教学平台，为学生提供丰富的学习资源。教师应利用这些平台的数据分析功能，提供具有针对性的教学支持。通过在线教学平台，教师可以实时监控学生的学习进度和理解程度，从而及时调整教学策略。

5. 促进教师间的交流与合作

学校应定期举办教育信息化研讨会和学术交流会，让教师分享信息化教学的经验和方法。同时，建立教师信息化教学社群，如微信群或论坛等，方便教师在线交流和资源共享。例如，建立一个在线社群——“教育信息化教师联盟”，教师可以在此平台上交流教学资源和策略。

6. 建立信息化教学能力评价体系

学校应制定详细的信息化教学能力评价标准，明确各项能力要求。将信息化教学能力纳入教师年度评价体系，作为评价教师专业发展的重要指标。

7. 结合融媒体创新教学方法

学校应引入如案例教学、项目教学等多元化教学方法，并利用融媒体平台如抖音、bilibili等开展教学活动。鼓励教师尝试翻转课堂、混合式教学等新型教学模式，以增强教学效果。

8. 关注学生的反馈和需求

教师应定期通过问卷调查、小组讨论等方式收集学生对信息化教学的反馈，了解他们的学习需求和遇到的困难。根据这些反馈，教师应及时调整教学策略和方法，确保信息化教学的针对性和有效性[4]。

结　语

在深入分析中职语文应用文写作教学的现状后，本研究提出了一系列具体的改进措施。通过对现有教学资源的全面整合，可以发现，将不同来源的教学材料融合使用，能够为学生提供更为丰富和多样的学习内容。教材内容的更新也是提升教学效果的关键。在教学方法上，本研究提倡采用项目式学习和翻转课堂等创新模式。通过让学生在实际操作中学习，能够显著提高他们的参与度和学习效率。提升教师的信息化能力也是本研究的重点之一。在融媒体时代背景下，这些改进措施为中职语文应用文写作教学开辟了新的发展路径，有效提升了教学质量，培养了学生的综合职业能力。

参考文献

［1］刘晓静，张松竹. 应用文写作课程思政教学改革初探［J］. 国际公关，2020（12）：100-101.

［2］林瑜. 基于交际语境的应用文教学策略　以“我想对您说”书信写作指导为例［J］. 语文建设，2020（8）：38-40 .

［3］郎瑞萍，叶会昌. 妙用金字塔原理科学搭建文章结构——《应用文写作》教学创新实践［J］. 河北北方学院学报（社会科学版），2014，30（5）：105-107+111 .

［4］杨秀珍. 以就业为导向的应用文写作课教学改革探究［J］. 科教文汇（上旬刊），2014（7）：53-54 .

第二篇　高中语文教学中学生创新思维能力的培养

摘要：高中语文教学中培养学生创新思维能力是十分重要的。本文将探讨在高中语文教学中应当如何有效地培养学生的创新思维能力，并提出相应的方法和策略。通过引入多样化的教学方法以及提供积极的评价和反馈机制，可以有效地培养学生的创新思维能力并激发学生的兴趣和参与度，为他们未来的发展奠定坚实基础。

关键词：高中语文教学；学生创新思维；能力的培养

高中语文教学的目标之一是培养学生的创新思维能力，帮助他们能够在语文学科中独立思考、独立解决问题。然而，传统的语文教学往往注重知识的传授和考核，忽视了对学生创新思维能力的培养。因此，如何在高中语文教学中有效地培养学生的创新思维能力成为一个亟待解决的问题。

一、高中语文教学中培养学生创新思维能力面临的挑战

（一）思维定式与传统教学模式的阻碍

在高中语文教学中，思维定式和传统教学模式往往成为培养学生创新思维能力的阻碍因素。思维定式是指根据个体以往学习和实践经验所形成的一种思维模式，固化了特定的观念、习惯和偏好。在传统教学模式中，教师往往以传授知识为主，学生被动接受这些知识，缺乏思辨与创造的机会。这种传统教学模式容易强化学生的思维定式，限制其拓展思维的广度和深度。另外，一些传统的教育观念也给培养创新思维能力带来一定的阻

碍。传统教学更注重对规范答案的追求，而忽视了学生独立思考和创新的能力。学生往往被要求记忆和重复符合规范的知识，而无法充分展示和发展自己的创新思维能力[1]。

（二）学科交叉的难题

在高中语文教学中，学科交叉教学受阻是培养学生创新思维能力时面临的一大挑战。随着社会的发展，我们发现许多问题不再是单一学科所能解决的，需要学生不断拓宽知识视野，提升多角度综合分析问题和创造性解决问题的能力，全面提高学生个人素质，而跨学科的学习正是促进这一素质提升的关键。这就要求语文教学不再局限于单一的文字和语言教学，而是能够与实际生活和其他学科知识相结合，从而构建更大的知识体系。例如，要想深入了解作者的写作背景需要对历史环境有所了解，将人物融入更大的时代后，再去剖析；要想进一步提升学生的诗词鉴赏能力，必要的绘画、音乐等知识能起到很好的辅助作用。然而，在实际教学中，实现学科交叉教学困难重重。传统的学科分类往往使学科之间形成明确的边界，学科之间的知识和教学方式存在显著差异和难以整合的问题，不同学科的教师往往有自己固定的教学模式和范式，难以快速掌握其他学科的知识和教学方法，这使学科交叉教学中的教师合作面临一定的困难，从而影响了学科之间的有效沟通和融合。此外，学科交叉教学需要学生具备一定的跨学科知识和综合能力，然而，由于高中学生的学科学习还处于初级阶段，他们可能还没有具备足够的跨学科知识储备和综合能力。这就对学生的学习任务和能力提出了一定的要求，从而制约了学科融合的落实，影响学生创造性解决问题的能力。

（三）复杂性对学生的挑战

在高中语文教学中，复杂性是培养学生创新思维能力时面临的一大挑战。随着社会的发展和知识的不断增长，现实问题变得越来越复杂，需要学生具备更高层次的思维能力来应对。然而，许多传统的教学方法过于注重知识的传授和应试训练，忽视了学生对复杂问题的理解和处理能力的培养。复杂问题往往涉及多个因素和关系的综合考虑，需要学生具备系统思维、批判思维和创新思维。然而，学生在应对复杂问题时，常常面临以下挑战。首先，学生可能会感到被问题所困惑，缺乏整体把握的能力。复杂问题的相关因素众多，学生往往无从下手，容易陷入思维的混乱和无效的探索状态中。其次，学生可能缺少对问题中的相互联系和相互影响的因素认识。复杂问题往往由多个分支和层次构成，学生需要能够从整体和局部两个视角进行思考，理解不同因素之间的相互作用。最后，学生可能缺乏创新思维和解决问题的能力。复杂问题往往不具备明确的答案和方法，需要学生具备创新思维和问题解决的能力。然而，许多传统的教学方法过于注重培养知识的记忆和重复，很少为学生提供解决问题的探索空间[2]。

（四）评价体系的建设

评价体系的建设是培养学生创新思维能力时面临的一大挑战。传统的评价方法往往偏重对学生记忆和应试能力的考核，而忽视了对学生的创造性和创新思维能力的评价。这使学生在学习过程中更倾向于追求标准答案，而不是注重思考和探索。要建立一个有效的评价体系，需要考虑以下几个方面。首先，如何评价学生的创新思维能力。创新思维是一个相对主观和复杂的概念，难以量化和具体衡量，传统的评价体系可能很难捕捉学生创新思维的表现，需要考虑如何设计能够准确评估学生创新思维能力的评价标准和方法。其次，如何兼顾评价的客观性和主观性。为了保证评价的客观性和公正性，评价体系需要有明确的标准和指标。然而，创新思维属于个体的心智过程，往往具有一定的主观性，因此评价体系还需要考虑如何兼顾学生个体差异和多样性。最后，如何将评价结果与教学目标相匹配。评价体系的建设需要考虑语文教学的整体目标和学科特点，确保评价结果与学生的实际学习和发展需求相匹配。评价应该是对学生学习过程的反馈，而不仅仅是对结果的评判。

（五）缺乏专业的师资力量

语文教师是学生学习语文和培养创新思维能力的重要引领者，他们需要具备专业的知识和能力，在教学过程中能够有效引导学生进行思维启发和创新探索。然而，目前高中语文教学存在着缺乏专业的师资力量的问题。首先，某些教师在语文教学方面缺乏系统和深入的专业培训。教师在教育过程中，对如何培养学生的创新思维能力，往往没有给予足够的关注。这使一些教师在教学中缺乏创新思维培养的理论指导和实践经验。其次，教师的课堂教学方法相对保守，缺乏具有针对性的创新思维培养策略。部分教师可能习惯于传统的教学方式，注重知识的灌输和应试训练，而忽视了培养学生的创新思维能力。这使教师在教学中难以有效引导学生进行创新性思维和探索。最后，需要加强学科教师团队的建设。由于学科之间的相互联系，培养学生的创新思维能力需要教师具备跨学科的综合能力。然而，现实中，由于学科之间的边界和教师专业化的限制，学科教师在跨学科教学方面的能力和合作存在一定的不足[3]。

二、培养学生创新思维能力的方法与策略

（一）提供多元化的学习资源和素材

为了培养学生的创新思维能力，提供多元化的学习资源和素材是一种有效的方法和策略。多元化的学习资源包括各种文本、视频和实物等来自不同领域和文化背景的素材。这些资源可以帮助学生开阔思维，拓宽知识面，激发学生的兴趣和好奇心。首先，不同类型的文本和阅读材料可以激发学生的想象力和创造力。教师可以引导学生阅读各种文学作品、科学文

章和历史资料等，让学生接触不同的观点和见解，培养学生批判性思考和理解复杂问题的能力。其次，多媒体资源和实物的使用可以使学习更加生动和具体。教师可以利用图像、音频和视频等多媒体资源向学生展示具体的事物、场景或过程，帮助学生更好地理解和感知，从而加深对知识的理解和应用。再次，实物的引入可以激发学生的观察力和实践能力。通过触摸、感受、探索实物，学生可以从直观的角度了解事物的特性和原理；通过观察和实践，培养学生的观察力、实验设计能力以及解决问题的能力。最后，还可以通过使用互联网和数字化技术来提供丰富的学习资源。教师可以利用在线课程、学习平台和教育应用程序等，为学生提供多种多样的学习资料和工具，帮助学生自主学习和开展深度研究。通过提供多元化的学习资源和素材，学生能够从不同的角度了解并解决问题，拓宽思维的广度和深度，从而更加主动地探索和思考，勇于尝试新的方法和想法。这种多元化的学习环境可以培养学生的创新思维和解决问题的能力，激发他们的创造力和创新潜力。

（二）鼓励学生积极参与课堂互动和合作学习

鼓励学生积极参与课堂互动和合作学习是培养学生创新思维能力的重要方法和策略。通过以下方法和策略，可以有效地促进学生的参与和合作，培养其创新思维能力。首先，营造积极的学习氛围。教师可以创造一个开放和尊重的课堂环境，鼓励学生敢于提问、表达观点，尊重和接纳他人的不同意见。这样的学习氛围能够激发学生的思维活力和创造力，增强他们参与课堂互动和合作学习的积极性。其次，使用多样化的教学方法。教师可以采用多种互动教学方法，如小组讨论、角色扮演和案例分析等。通过这些方法，学生可以在相互交流和合作的过程中，培养批判思维和解决问题的能力，同时激发创新思维。再次，提供合适的任务和项目。教师可以设计与学生实际生活相关的任务和项目，使其在小组或团队中合作完成。这样的任务和项目能够激发学生的创新思维，促使他们思考不同的解决方案，并通过合作来实现共同的目标。最后，给予积极的鼓励和反馈。教师应该认真倾听学生的意见和建议，并在适当的时候给予积极的鼓励和肯定。这种积极的反馈可以激发学生的自信心和动力，进一步促进他们积极参与课堂互动和合作学习，提高创新思维能力[4]。

（三）引导学生进行批判性思考和创造性表达

引导学生进行批判性思考和创造性表达是培养学生创新思维能力的重要方法和策略。批判性思考是指学生能够对问题进行深入的分析和评估，从不同的角度进行思考。教师可以通过提供具有挑战性的问题和情境，引导学生思考和发展独立的思维能力。例如，教师可以提出开放性的问题："如果你是古代的一位诗人，你会如何描绘你现在生活的城市？"借此鼓励学生进行分析、比较、创作，从而培养学生的批判思维和分析能力。创造性表达是指学生能够用独特且创新的方式表达自己的想法和观点。教师可以倡导自由的创造性表达，包括绘画、写作和演讲等形式，鼓励学生自由地发挥想象力和创新思维。通过创造性表达，学生能够培养自信和独立思考的能力，并将其应用于解决问题和实践中。为了实施这些方法和策略，教师可以采取以下措施。首先，提供具有挑战性和启发性的学习材料。教师可以选择一些引人思考的文章、视频或实例，激发学生的兴趣和好奇心，激发其批判性思考和创造性表达。其次，注重课堂讨论和互动。教师可以采用问答和辩论的方式，引导学生提出问题、表达自己的观点，并与同学进行交流和辩论。这种互动的过程可以培养学生的批判思维和创造性表达的能力。再次，鼓励学生主动参与创造性项目和活动。教师可以组织学生进行小组或个人项目，鼓励他们展示自己的创新思维和表达能力。例如，可以组织学生组织和策划艺术展览、科学实验或社区服务项目，让学生有机会运用创造思维解决现实问题。最后，给予学生积极的反馈和鼓励。教师应该及时给予学生认可和赞扬，鼓励他们勇敢地表达自己的观点，并接受他人的建议和意见。这种积极的反馈和鼓励可以增强学生的自信心，激发其持续发展创造思维和表达能力的动力。

（四）提供适当的评价机制和反馈方式

提供适当的评价机制和反馈方式是培养学生创新思维能力的重要方法和策略。通过以下方法和策略，可以有效地评价学生的创新思维并给予具有针对性的反馈。首先，采用多样化的评价方式。除传统的笔试和书面作业外，教师可以采用更多元化的评价方法来评估学生的创新思维。例如，通过对项目报告、口头演讲、实践实验、艺术作品等形式的评价，来展现学生创新思维的能力和表现。其次，关注学生学习的过程与思维方式。在评价过程中，不仅要注重学生的学习成果，更要关注学生的思考过程和创新思维的发展。教师可以通过观察学生解决问题的方法、提问和回答的方式，评估学生的创新思维能力，并提供针对性的反馈和指导。再次，及时且具体地给予反馈。教师应该在学生完成任务或展示成果后，及时给予具体、准确和有建设性的反馈。这种反馈可以帮助学生认识到自己的优势和不足之处，激发他们改进和进一步发展创新思维能力的动力。最后，建立正向的评价氛围。教师应该以鼓励和赞扬为主导，关注学生的进步和努力，营造积极的评价氛围。学生在得到积极的评价和鼓励后，会产生更多的自信和动力，更愿意参与创新思维的实践和发展。总之，提供适当的评价机制和反馈方式是培养学生创新思维能力的重要方法和策略。通过多样化的评价方式、关注学生的学习过程与思维方式、鼓励自我评价和同伴评价、及时和具体地给予反馈，以及营造正向的评价氛围，可以有针对性地评价学生的创新思维，并提供有效的反馈，促使学生不断发展和完善创新思维能力。这种以学生为中心的评价方式将激发学生的积极性和自主性，为其培养创新思维能力提供有效的支持和指导[5]。

结　语

高中语文教学中培养学生的创新思维能力是一个漫长而复杂的过程，需要教师的积极引导和学生的主动参与。通过引入多样化的教学方法，激发学生的兴趣和参与度，以及提供积极的评价和反馈机制，可以有效地培养学生的创新思维能力。希望本文提出的方法和策略能够为高中语文教师在培养学生创新思维能力方面提供一定的指导和启示，为学生的成长和发展作出积极的贡献。

参考文献

[1] 焦淑梅. 浅议高中语文教学中学生创新思维能力培养［J］. 试题与研究，2023（19）：73-75.

[2] 陈娟. 高中语文教学中学生语文思维能力的培养策略分析［J］. 求知导刊，2022（29）：50-52.

[3] 付秀年. 高中语文教学中学生创造性思维能力的培养探析［J］. 读写算，2022（18）：28-30.

[4] 刘凤英. 小学语文教学中学生创新思维能力的培养［J］. 小学生作文辅导（语文园地），2021（10）：11-12.

[5] 王海龙. 高中语文教学中学生创新思维的培养探析［J］. 课外语文，2021（18）：106-107.

第三篇　新高考背景下高中语文教学与备考策略研究

摘要：在新高考改革的大背景下，对高中语文教学策略及其备考策略的研究显得尤为重要。这场改革不仅重塑了考试结构和内容，也重新定义了教育的重点，由应试转向培养学生的综合能力和批判思维。随着新高考模式的推行，诸多挑战也随之而来，包括课程与教学方式的调整、学生差异化的对待以及教育资源的合理配置等。本文旨在深入探讨隐藏在这些变化背后的机会与挑战，为高中语文教师提供一系列切实可行的教学与备考策略。

关键词：新高考背景；高中语文教学；备考策略

引　言

随着新高考改革的全面推进，高中语文教学与备考面临着前所未有的压力与挑战。改革的核心在于促进学生能力的全面发展，其中更加注重对学生思维能力和实际应用能力的培养。这一转变不仅提升了教学的重要性，也为教学方法和内容的创新开辟了新的路径。研究高中语文的教学与备考策略，不只是应对改革的需要，更是培养复合型人才的必由之路。因此，本文通过具体分析新高考背景下的教学挑战和备考需求，探寻有效的教学策略与实践方法，旨在为语文教育工作者提供参考与指导。

一、新高考背景下高中语文教学面临的挑战

在新高考背景下，高中语文教学面临诸多挑战，其中课程标准与学生能力差异、高考压力与学生应试倾向以及教学资源与环境的限制尤为明显，这些因素共同影响着教育质量与学生的发展。关于课程标准与学生能力差异，新高考对学生的语文素养提出了更高的要求，在应对这些复杂要求时，不同学生之间的能力差异显得尤为突出。由于地理位置、经济水平和教育资源分布均不相同，部分学生在基础语文教育阶段未能得到充分的培养，面对新的高考标准，这些学生难以与同龄人保持同步，因此学习压力增大，自信心下降，从而影响整体学习进程和效果。针对高考压力与学生应试倾向的问题，高考作为一种选拔机制，其本质是提高学生的综合素质，但是学生和教师往往受成绩和排名影响，着眼于短期的考试成绩优化而非长期的能力培养。学生在备考压力的影响下趋向于机械记忆和应试技巧的训练，而忽视了语文学科的人文精神和思辨能力的培养。至于教学资源与环境的限制，虽然互联网和新技术为语文教学提供了新的平台和工具，但实际情况是，许多学校特别是农村和偏远地区的学校无法获取这些先进资源。教师缺乏必要的教育技术培训，也难以有效利用现有资源进行教学创新。再加上课堂人数众多，教师难以对每个学生都进行个性化教学，这进一步提高了教学的挑战性。

二、新高考背景下高中语文的教学策略

（一）更新和调整教学内容

在新高考背景下，高中语文教学内容的更新与调整是为了贴合新的考试要求，同时更好地激发学生的学习兴趣并培养其文学素养。教师需要对现有的教学大纲进行仔细的分析和比较。通过阅读与理解最新的高考语文

考试大纲，教师能确定哪些知识点是需要强调的，哪些知识是被缩减的。例如，需要增强文学作品的解读、文化背景知识的引入和现代文阅读的深度分析等方面，以应对更加开放式的题型和问题探讨。引入具有时代意义和文化深度的新材料是教学调整中不可缺少的一环。选择那些能够引发学生思考的现代作品，或是具有历史价值的古代文本，可以大大提高学生的阅读兴趣和文学欣赏能力。这不仅能够使学生顺利完成考试，更能培养学生的人文关怀和审美情趣。在具体实施时，教师可以通过多元材料的融合教学法来达到更新教学内容的目的。例如，结合传统文学与现代视角，让学生从多个角度审视一个文学问题，从而培养其批判思维与解决问题的能力。通过案例分析法，教师也可以给学生提供具体的文学作品或历史事件，引导他们进行深入讨论和研究，从而有效提升学生综合运用语言的能力。

（二）创新教学方法

为适应新高考对学生综合能力和思维深度的需求，革新教学方法成为必然选择。讨论与合作学习是刷新传统教学模式的有效途径。教师可以在课堂上组织小组讨论，让学生围绕课文主题或相关社会热点进行深度交流。通过这种方式，学生能够从不同角度和视角理解文本，扩大理解和记忆的深度。合作学习还能培养学生的团队协作能力和沟通技巧，这对他们未来的学习和生活都有着不可小觑的积极影响。在培养批判性与创造性思维方面，教师可以引导学生对文本进行深入分析与批评。例如，通过挖掘文章的深层意义、作者的写作手法以及文本的文化背景，教师能够引领学生不仅仅停留在表面的阅读，而是鼓励他们提出问题和自己的见解。这种方法有助于学生养成独立思考的习惯，为高阶思维的发展奠定基础[1]。利用信息技术辅助教学也是提升教学效果的重要手段。教师可以通过多媒体教学资源如视频讲解、在线互动问答等方式丰富教学手段，提高课堂的趣味性，从而让学生更好地理解和吸收知识。信息技术的运用还可以帮助教师进行个性化教学，根据学生的学习情况调整教学策略和内容，更加精准地满足学生的学习需要。

（三）整合课外阅读与实践活动

在新高考背景下，高中语文教学经历了多样化的转变。课外阅读与实践活动整合的核心在于激发学生的阅读兴趣，并将阅读内容与现实生活紧密联系。通过参与教师精心设计的活动，课外阅读不再是枯燥的文字堆砌，而是生活的一部分，学生可以通过体验课文描述的场景或实践课文中的技能，增进对文化和历史的认识。例如，阅读《荷塘月色》后，组织学生参观类似的自然景观，感受文章中月色下荷塘之美。策略的有效整合需要教师精确地选择合适的阅读材料和相关的实践活动，应考虑文本的教育价值与学生的年龄特点，确保所选材料能够引起学生的情感共鸣。为了增强整合的效果，教师还需建立反馈和评估机制。在活动后，教师应收集学生的反馈意见，评估阅读与实践活动的效果，并据此调整教学方法。

（四）跨学科教学的探索

高中语文的教学，尤其在新高考制度下，需要重新审视其在学科交叉融合中的角色与功能。语文不仅仅是学习古今中外的文学作品，更是一个理解不同文化、探索跨学科知识的窗口。在跨学科教学模式下，语文教师可以与历史、艺术甚至科学教师合作，共同设计课程，使学生能在学习语文的同时，加深对其他学科知识的理解和应用。例如，当探讨中国古代文学时，可以引入相关的历史背景知识，让学生在学习文学作品的艺术价值的同时，理解该时期的历史环境和社会文化。通过这种方式，学生能够更全面地把握文学作品的深层意义。当分析现代诗歌时，教师可以引入现代艺术元素，例如把诗歌与现代画作相结合，讨论诗歌与画作在表达情感、描绘景象方面的异同，这不仅能够增强学生的美学鉴赏力，还能提升其创意表达能力。在实际的教学设计中，教师需要根据教学目标和学生的实际需求，合理安排教学活动，开展交叉学科的研究项目。通过小组合作的方式，让学生在实际操作中学习如何从不同学科获取信息，整合资源，共同解决问题。这种过程不仅锻炼了学生的团队协作能力，也鼓励他们主动学习并创新学习方法。跨学科教学还应注意评价方式的多样性。评价不应仅限于语文学科内的知识和技能测试，还应包括培养学生如何将语文学科知识运用到其他学科领域的能力。这种评价方式能更全面地反映学生的综合素质，更符合新高考对学生综合能力的要求。

三、新高考背景下高中语文的备考策略

（一）理解并应对新高考评价标准

新高考注重对学生综合能力的评估，强调对文本的深入理解与分析，这就要求语文教学不再局限于传统的知识记忆，而是加强对文章深层意义的探讨和个体思考能力的培养。因此，教师在设计教学与备考策略时，首要任务是清晰地界定新评价标准的核心要求。这包括对文学作品的审美鉴赏能力、逻辑严密的思维能力及其表达方式的准确性与创新性。针对这一点，教师可以设计一系列旨在提高解析和批判性思维技能的活动。例如，通过组织学生进行定期的文本深度分析会议，讨论不同作者的写作手法、文学作品的主题深度与技巧等。这种互动式的学习过程不仅增进了学生对文学的理解，还激发其学习兴趣，为高考中的文学评论和论述题目做好充分准备。教师需充分利用现代教育技术，如在线课程和互动软件，这些工具能使教学内容更加丰富，同时方便学生进行自我学习。通过这些平台，学生可以在教师的指导下，自主探索课外文学资源，拓宽知识视野，从而在新高考的背景下更好地理解和应对高难度的评价标准[2]。

（二）针对性强化训练

针对性强化训练能够有效提升学生面对高考的针对性应试能力，通过精准诊断和针对性训练，学生在各类题型和知识点上能达到更熟练的掌握状态。教师须进行全面而细致的基线评估，根据最新的高考试题趋势分析，结合学生的实际表现，识别学生在知识掌握和技能运用上的薄弱环节。教师可以利用模拟测试或者历年真题进行诊断性评测，确保评估的全面性和准确性。随后，根据评估结果，教师以具体问题为导向设计切实可行的训练计划。例如，对文言文的理解和分析，可以通过短文精讲，强化识记传统文化和古代汉语的常用词汇及表达方法；对现代文阅读，则可能需要重点增强对文章结构的把握能力和论证策略的解析能力。创新性的教学方法也是提升针对性强化训练效果的关键。例如采用情境模拟教学，让学生在实际的语文环境中培养语感和文学素养，通过角色扮演或辩论等形式增强学生的实战经验，这样做不仅仅能增强学生的学习兴趣，还能提高其解决实际问题的能力。在这一全面的教学与备考策略中，教师的耐心和坚持是不可或缺的，同时学生的积极参与和反馈是优化教学内容和方法的重要信息来源。这种精准而具体的针对性强化训练，可以帮助学生在高考的激烈竞争中脱颖而出。

（三）模拟考试与错题分析

模拟考试应覆盖语文科目的所有考点，包括古诗文阅读、现代文阅读、文学知识应用和写作等板块。每次模拟考试后，教师必须对试卷进行全面分析，归纳考试中学生出现的错误类型，如理解题的误区、知识点的遗忘或错误运用等。之后，组织错题讲解会，让学生共同分析错题原因，深入探讨错误背后的知识盲点与思维误区。教师在错题分析过程中要引导学生建立错题本，记录每次模拟考试中出现的错题和相关知识点。通过系统的归类和总结，学生能够清晰地看到自己在学习过程中的进步和需要加强的地方。错题本的持续更新和复习对巩固薄弱知识点、防止同类错误再次发生具有重要作用。针对性练习也是这一策略的重要组成部分。基于错题分析的结果，教师应精心设计练习题和模拟试题，以针对性地强化学生的薄弱环节，尤其高频错误。这种有的放矢的训练不仅提高了备考的效率，还能增强学生对知识的掌握程度和应试技能。模拟考试与错题分析还应搭配有效的心理调适策略。压力管理讲座和心理辅导可以帮助学生合理应对考前焦虑，从而更好地发挥自己的实际水平。通过情绪管理和认知重构，学生可以在面对挑战时保持冷静和专注，这对语文科目的理解和表达尤为重要[3]。

（四）心理调适与时间管理

高考心理调适旨在帮助学生建立正确的备考心态，减轻考前压力；而时间管理的目的则是确保学生能够合理安排学习时间和休息时间，从而进行高效学习。教师可以引导学生根据个人的学习效果，在日常学习中调整时间分配，譬如对文言文的学习可能需要更多的时间来分析和理解，而对现代文的阅读理解可能需要快速把握主旨，做到精准答题。针对普遍存在的拖延问题，可以通过设立短期目标和奖励制度来增加学生的即时满足感，进而激发学生的学习动力。例如，在完成一周的学习计划后，可以允许学生享有一定的自由活动时间，如看场电影或与朋友外出，以此来平衡学习与生活，保持心理的健康状态。这种策略的成功实施依赖教师的细致观察和灵活调整，以及学生自身对策略的积极响应和持续实践。

结　　语

通过本文的研究，可以预测在新高考体制下，高中语文的教学与备考策略将得到明显进步。更新教学内容和方法相当关键，特别是在提升学生批判思维和创造性表达方面。不过，策略的实施仍需每位教育者的精心设计和不懈努力。未来，教育者应继续评估这些策略的实际成效，根据学生的反馈和学习成果进行调整优化。对整体教育改革，还需不停地探索与尝试，力求在传承与创新中找到最佳平衡点，为学生的全面发展提供更坚实的支持与更广阔的舞台。

参考文献

[1] 王仁英. 探究新高考模式下高中语文创新教学策略［J］. 试题与研究，2023（31）：87-89.

[2] 田燕. 新高考背景下高中语文课堂教学优化策略探析［J］. 语文教学之友，2023，42（12）：14-16.

[3] 周文法. 新高考背景下高中语文阅读教学策略研究［J］. 文科爱好者，2023（3）：43-45.

第四篇 AI赋能背景下中职语文与专业教学有机结合的初步探讨

摘要：在教育领域，AI赋能被认为是未来发展的关键方向之一。随着技术的快速发展，AI在教育中的应用越来越广泛，尤其是在中等职业教育中，它显示了巨大的潜力。当前，中职教育面临诸多挑战，包括教学资源的匮乏、教师专业能力的不均衡以及学生个性化学习需求的日益增长。AI技术的引入，不仅可以助力教学内容和方法的革新，还能通过智能化教学辅助系统，增强教学效果并提升教育质量。本文旨在探索AI赋能背景下，中职语文和专业教学应当如何实现有机结合，以期实现教学相长的效果。

关键词：AI赋能；中职语文教学；中职专业教学；有机结合

引　言

教育技术的进步为中职教育带来了前所未有的发展机会。特别是人工智能（Artificial Intelligencr，AI）的融入，为解决传统教育模式中的诸多痛点提供了可能。AI不只是一种技术工具，更是一种全新的教学资源，能够实现教学内容的个性化定制和智能化管理。教师正在寻找将AI和中职语文教学以及专业课程教学有效结合的方法，以充分发挥AI在增强学习体验、提高教学效率等方面的潜力。通过深入探讨AI在中职教育中的应用，本文意图推动教育实践的创新，提升教育质量，为未来的教育模式提供参考。

一、AI赋能的相关概述

AI赋能是指利用人工智能技术提升和强化传统行业的效率和效果，特别是通过智能化的工具和系统，提升业务流程或服务的智能化水平。目前，AI技术在教育领域的应用已经展现多样化的趋势。具体来说，智能辅助教学系统和个性化学习平台的开发是最为显著的进步。这些平台通过数据分析来理解学生的学习习惯和能力，从而提供定制化的学习资源和教学计划。例如，某些智能教学软件能通过分析学生的答题模式，自动生成针对性的复习材料，有效提升学习效率[1]。据统计，全球市场上约有60%的教育工具开始整合AI功能，以支持课堂教学和远程教育。特别是在远程教育领域，AI技术的应用使教学资源不受地域限制，更多学生能够接受优质的教育。AI技术在提升教学质量和效率方面的潜力是巨大的。例如，通过AI系统，教师可以获得关于学生学习进度的实时反馈，这使教师能够及时调整教学策略。值得一提的是，AI赋能教育的发展也带来了一系列的优化案例。在某些中职学校，AI技术被用来设计模拟实训场景，将理论知识与实际操作紧密结合，极大地提高了教学的实用性和有效性。

二、中职语文教学与中职专业教学的现状

（一）中职语文教学的现状

中职语文教学面临的问题主要表现为教学内容与学生实际需求之间的脱节、教学方法的单一化以及学生学习兴趣的普遍不高。教学内容与中职学生的专业发展需求缺乏有效对接。中职学生未来多数从事技术应用型工作，对语文学科的实用性和应用性有更加迫切的需求。然而，现行的中职语文教学方法仍然过度依赖传统中职学校的教学大纲和教材，这些内容大

多偏重文学修养和理论知识，仅仅与学生的日常生活和未来职业发展略有交集。再者，教学方法普遍传统，缺乏创新。大量的中职语文教学依然采用传统教师讲授和学生被动接受的模式。这种模式不仅忽视了学生个性化的学习需求，也未能有效激发学生的学习兴趣和自主学习的能力。语文学科本质上强调表达和交流，但在中职教学中表达和交流往往未能得到足够重视。最终，学生虽然学习了语文知识，却难以将其应用于实际生活和专业学习中，这种脱实向虚的教学对学生的长远发展极为不利。这些问题的存在，不仅削弱了中职语文教学的教育效果，更对学生的整体素质与能力培养产生了影响。

（二）中职专业教学的现状

中职专业教学目前也面临着诸多挑战。一是教育资源的不均衡分配。学校之间，尤其地区之间的差距显著，优质教育资源过度集中在经济发展较好的地区和学校，因此部分学校在师资力量、教学设施和教学资料等方面严重不足，影响了教学质量和学生的学习效果。二是教学模式过于传统，缺乏创新和实用性。目前，中职教育中仍普遍采用理论教学为主、实践教学为辅的模式，这使学生在实际工作中往往无法将所学知识有效转化为工作能力。而且，部分教学内容与市场需求脱节，教学与实际工作场景的连接不够紧密，学生毕业后难以适应职场需求。三是教育评估体系。当前的评估体系过于注重理论知识的考核，而忽略了对学生实际操作能力和综合素质的评价，这种偏差的评价标准不利于学生能力的全面发展。

这些问题的产生有其深层次的社会和教育体制的原因。一方面是教育资源配置的历史遗留问题，另一方面是职业教育在整个教育体系中的地位未得到应有的重视。教育与行业的脱节也反映了我国在产教融合方面还需加大力度。这些问题的存在，不仅影响了学生的职业发展和生活质量，还导致了社会对中职教育的信任度下降，对整体社会经济发展和产业升级也产生了不利影响。面对这种情况，只有通过深入分析问题，采取针对性措施，才能有效提升中职教育质量，实现教育的公平与效益的双重提升，最终达到培养更多高素质技术技能人才的教育目标。

三、AI促进中职语文与专业教学有机结合的策略

（一）AI技术支持下的教学内容整合

在AI赋能的背景下，教学内容整合意味着优化教育资源是提高教学质量和效率的关键。AI技术支持下的教学内容整合，必须围绕课程内容与学生实际需求做出精准设计。借助大数据分析，AI技术能细致捕捉学生学习行为和成就水平，为教师提供定制化的教学反馈。例如，通过智能分析系统，教师可以了解每个学生在语文学习中的具体难点，如文言文的理解、现代文的赏析等，然后将这些数据与专业技能训练相结合。教师可以利用自然语言处理技术（Natural Language Processing，NLP）来增强语文教学的互动性。通过AI教学平台，学生不仅能接收个性化的阅读推荐，还可以通过语音互动功能进行课文朗读训练，同时系统会提供即时的发音和语调指导。在专业知识教学方面，AI技术可以实现与语文教学的有效融合[2]。以职业技能为导向，结合AI技术辅助的案例分析，学生在学习专业知识的同时，能够在语言表达和资料整理上得到相应的训练。例如，在旅游管理专业中，AI系统可以模拟导游讲解的场景，评估并指导学生在语言组织、情感表达上的表现，使他们在实际工作中更加得心应手。AI技术的引入还可以帮助教师高效整合教学内容，通过虚拟现实（Virtual Reality，VR）或增强现实（Augmented Reality，AR）技术，将复杂的文学历史背景或文学作品场景虚拟化，使学生在沉浸式的环境下学习，从而提高学生的学习兴趣和记忆效率。

（二）AI技术在提升教学效率和效果中的应用

在中职教育中，提升教学效率和效果具有至关重要的意义。有效的教学方法可以帮助学生更快地掌握知识，更好地将语文素养与专业学习相结合，实现知识的深度融合与应用。在此背景下，AI技术的应用被看作推动教育改革的一大利器。AI可以通过个性化学习推荐系统、学习进度追踪和评价以及互动式学习工具等方式，大幅度提升教学的效率与效果。具体到教学实施，AI技术可以实现课程内容的智能化适配，根据学生的具体需求和掌握情况，动态调整教学计划和学习资源配置。例如，通过数据分析，AI能够精准识别学生的学习弱点和兴趣点，进而提供定制化的学习路径和专属习题，确保每名学生都能在适合自己的节奏中进步。这种方法不仅提高了学生的学习兴趣，而且通过针对性练习加强了学生的专业语文能力，使之与实际应用紧密结合。再进一步，AI引入的语音识别和自然语言处理技术，能够实现课堂上学生的即时反馈。教师可利用这一技术进行语音识别，对学生的发音、语调进行分析，并给出具体的改进建议，这对语文学习尤为重要。通过自然语言处理技术，AI能够帮助学生在写作训练中实现错误校正，提供写作风格和结构的建议，从而提升学生的写作技能。智能辅助教学系统的引入不仅是技术的应用，更是一种全新的教学理念的体现。它使教师可以从繁重的基础教学任务中解脱出来，更多地投入课程创新和教学策略的优化中；而学生通过与AI系统的互动学习，能更主动地探索知识，增强学习的主动性和创造性[3]。

（三）基于AI的个性化学习方案设计

在当今教育领域，个性化学习方案设计的重要性日益凸显，特别是在中等职业学校的语文及专业课程教学中。通过精准地识别每名学生的学习需求和能力差异，个性化学习方案旨在为学生提供最适合其个人学习风格和进度的教育资源，从而有效提高学习效率和质量。

借助AI技术，中职教育可以实现前所未有的教学改革。AI技术在个性化学习中主要扮演两个角色：一是作为学习行为的数据分析工具，二是作为教学内容和策略的适应性调整者。具体来说，AI可以通过分析学生的学习历史、行为模式及其反馈，精确地描绘每名学生的学习轮廓。在这一过程中，大数据算法可以发现学生知识掌握的薄弱点和强项，AI系统据此调整教学计划，为学生推荐个性化的学习路径和资源。在设计基于AI的个性化学习方案时，首先需要构建一个全面的学生数据档案。这涉及收集学生在语文学习中的基础数据，如阅读理解能力、文本分析技巧等，也包括其他科目的成绩与反馈，以便进行跨学科的学习能力分析。随后，利用机器学习和自然语言处理技术，对学生的学习习惯、喜好进行深入分析，包括学习时间偏好、注意力集中的时长等。得益于AI技术的进步，可以动态调整教学内容和难度，确保教材与学生的实际能力相匹配。例如，对语文阅读教学，AI系统可以根据学生的阅读速度和理解程度自动选择合适的阅读材料和相应的问题难度，甚至在学生遇到难题时提供即时的、针对性的帮助。这样的系统不仅仅是一个简单的问题解答者，更是一个能够预测学生疑惑并主动提供学习建议的智能助教。反馈机制也是设计中不可或缺的一部分。AI系统需实时收集学生的学习反馈和成果，不断优化和调整个性化学习方案。通过机器学习的迭代优化，系统能够更准确地了解和预测学生的学习需求，从而提供更加准确和有效的教学支持。整个方案的实施，也需要教师与技术专家的紧密合作。教师的角色由传统的信息传输者转变为学习引导者和辅助者。在AI赋能的背景下，教师不仅要掌握基本的技术知识，更需要能够利用这些技术工具来优化教学策略，实现教学目标的最大化。

（四）AI技术辅助下的评估与反馈机制

评估与反馈机制既能帮助教师掌握学生的学习进度与效果，也能在学生自我认知的过程中发挥关键作用。在中职教育的语文教学与专业教学融合实践中，AI技术的应用提供了新的可能性，使评估与反馈更精准、高效。AI技术辅助的评估与反馈机制主要依托智能数据分析、自然语言处理等前沿科技，通过这些技术，可以实现对学生学习行为和成果的实时监控以及分析。具体地，AI系统能够自动收集学生的学习数据，如作业完成情况、在线互动记录等，并通过算法模型对数据进行深入分析，从而精确地判断学生的学习效果与存在的难点。在语文教学中，例如，AI系统可以通过分析学生的作文，识别语言表达中的常见错误和提升空间。系统还能根据每个学生的表现提供个性化的反馈，例如针对文章结构、论点逻辑等方面的具体指导。这种针对性反馈不仅帮助学生在专业知识上得到加强，也促进了语文实用技能的提升。在专业课程学习中，AI技术同样显示其独特的优势。通过对学生操作技能的自动评估，AI不仅能够准确地评价学生的实操能力，还能根据评估结果自动调整教学内容和难度。例如，在电子商务课程中，AI系统可以实时评估学生对电商平台操作的熟练程度，自动推送相关操作的学习资源，帮助学生在实际操作中快速提升[4]。随着AI技术的不断进步，也逐渐有能力对教学策略本身进行优化。通过长期积累的数据，AI能够分析出最有效的教学模式和学习路径，为教师提供科学的教学建议，这不仅提高了教学质量，也加强了语文与专业教学的有机结合。

结　语

在AI赋能的背景下，将中职语文教学与专业教学进行有机结合，不仅是实现教学内容深度融合的必然选择，更是促进学生全面发展的有效策略。通过智能化技术的引入，语文教学不再局限于传统的文学知识传授，而是与专业技能训练相结合，形成一种新的教学模式，这对培养学生的综合素质和应用能力具有重要的实践意义。智能技术，如AI辅助教学系统，能够根据学生的学习习惯和掌握程度提供个性化的学习方案和反馈；AI技术在评估与反馈机制中的应用，可以实时监控并调整教学过程中的学习效果，确保教学活动更加科学合理。未来，AI技术在中职教育领域的深入应用将进一步推动教育教学模式的创新与发展，教育工作者应积极探索AI技术与教学实际需求的结合点，不断优化教育教学过程，为学生提供更加丰富、高效、个性化的学习体验。

参考文献

[1] 薛新. AI大模型在教育行业中的应用[J]. 电信快报，2024（3）：33-38.

[2] 敖姗嫦. 中职语文教学专业适应性：内涵及生成研究[J]. 两岸终身教育，2022，25（3）：47-53.

[3] 顾妍. 基于专业能力发展的中职语文教学探讨[J]. 中国多媒体与网络教学学报（中旬刊），2023（3）：103-107.

[4] 庄燕玲. 中职语文教学与专业特征的融合策略[J]. 亚太教育，2023（15）：177-180.

第五篇　深化信息技术，搭建高效课堂

——谈高中语文信息技术课堂的构建

摘要：随着科技的飞速发展，信息技术已深入高中教育的各个领域，尤其是在语文教学方面，它已成为推动教育创新和提高教学效率的关键力量。目前，多媒体技术、互联网资源以及虚拟实验技术等被广泛应用于高中语文的课堂教学中，极大地丰富了教学内容和形式。这些技术不仅增强了学生的学习体验，也为教师提供了更为高效的教学手段。然而，信息技术的有效整合与应用依然面临着诸多挑战，如教学资源的匹配性、教师技能的提升以及教学方法的创新等，这些都是构建高效高中语文信息技术课堂的关键点。

关键词：信息技术；高效课堂；高中语文；构建途径

引　言

在现代教育体系中，信息技术已成为不可或缺的一部分，在高中语文教学中，其重要性日益凸显。信息技术不仅提供了多元化的教学工具，还促进了教学方法的多样化。通过整合多媒体技术，教师能够创建更具吸引力的课堂环境，而互联网资源的引入极大扩展了学生的学习视野。此外，虚拟实验和模拟技术的使用，使语文学习超越了传统教科书的限制，增加了学习的互动性和实验性。有效的课程内容设计、创新的教学方法以及全面的资源管理策略，共同构成高效的高中语文信息技术课堂。探讨这些要素的整合与应用，将有助于推动语文教学的深度融合与创新发展。

一、高中语文信息技术课堂构建的关键要素

在探讨高中语文信息技术课堂的构建过程中，课程内容的设计与整合，教学方法的选择与实践，以及学习资源的开发与管理成为提高课堂效率和学生学习质量的关键要素。课程内容的设计与整合需关注语文本身的学科特性与信息技术的有效融合。传统语文教学强调对文学素养和批判性思维的培养，而信息技术的引入应服务于这一核心，通过数字化教学资源如电子书籍、在线文库等，增强学生对文学作品的理解和分析能力。例如，可通过互动式电子白板展示复杂的文学流派演变，或使用学习管理系统（Learning Management System，LMS）来组织课堂活动，使学生能在更广阔的文学视野中进行自主学习。至于教学方法的选择与实践，应致力于创新和个性化的教学策略。动态教学视频和虚拟现实技术可以使诗歌朗诵和文学场景重现且更加生动，增强学生的沉浸感。此外，借助数据分析工具，教师可以实时获取学生的学习反馈，具有针对性地调整教学策略，例如，通过分析学生在在线测试中的表现来调整讲解的深度和难度，确保每名学生都能在自己的学习路径上获得最佳支持。关于学习资源的开发与管理，关键在于资源的多样性与可访问性。高质量的学习资源不仅要涵盖广泛的文学作品，还要包括相关的历史、文化背景材料，甚至跨学科的知识内容。资源库应实现系统化管理，确保学生和教师能够快速地检索到所需资料。例如，建立一个综合性的在线资源平台，其中包括文学作品的原文、翻译、批评文章以及作者的背景信息等，这些都可以通过标签或搜索引擎轻松找到。总之，通过精心设计和整合课程内容，采用创新的教学方法，并开发及管理丰富的学习资源，可以显著提升高中语文信息技术课堂的教学效果，使学生在掌握语文知识的同时，也能享受到科技带来的学习便利[1]。

二、信息技术在高中语文教学中的应用

（一）多媒体技术在课堂教学中的运用

在高中语文的教学过程中，多媒体技术的运用已成为提高教学效果的重要手段。通过实际操作和视觉呈现，多媒体技术能够创造更加直观和生动的学习环境，从而激发学生的学习兴趣，增强他们的语文学习动力。多媒体技术在高中语文教学中的应用主要体现在以下几个方面。

首先，课件的使用大大丰富了课堂的教学内容。通过包含文字、图片、音频和视频的综合性课件，教师能够展示更为丰富的教学材料，如古诗文的朗读、名家讲座等，使学生能够在多种感官的共同作用下更好地理解和吸收知识。

其次，多媒体技术的互动性极大地提升了学生的参与感。例如，通过交互式白板或者学习管理系统，学生可以直接参与课堂讨论，对课堂内容进行即时反馈和讨论。这种方式不仅加深了学生对语文知识的理解，而且培养了他们的批判性思维和创造性思考能力。

最后，利用多媒体技术进行差异化教学也日益普及。通过网络平台和电子书包等技术，教师可以根据学生的学习进度和能力提供个性化的学习材料和作业，从而有效地满足不同学生的学习需求。

综上所述，多媒体技术在高中语文教学中发挥着积极的作用，它不仅丰富了教学手段，也增强了教学效果。通过不断优化教学设计和技术应用，将来这种教学模式有望在更广泛的范围内实施，为传统的高中语文教学注入新的活力[2]。

（二）互联网资源在教学中的利用

在当前的教育环境中，互联网资源的运用已成为高中语文教学的一大助力。通过精心挑选和有效利用这些资源，教师能够极大地丰富教学内容和提升学生的学习兴趣。例如，经典文学作品和现代文学创作都可以在网

络上找到丰富的数字化版本，这不仅便于学生随时查阅，还能通过多媒体元素增强学习体验。视频和音频材料在语文教学中的应用尤为显著。教师可以使用网络视频将复杂的文学理论以直观的形式展示给学生，如通过诗歌朗诵、戏剧表演等形式，使学生在视觉和听觉上获得全方位的感受。此外，网络论坛和文学社区的引入，使学生可以更广泛地参与文学批评和讨论，与更多同好者交流思想，这种互动性极大地激发了学生的学习动力和创造力。互联网还提供了一种全新的课堂互动方式。通过在线问答和讨论板，学生可以在课堂外继续与教师和同学进行互动，这种方式打破了传统课堂时间和空间的限制，增强了学习的持续性和深度。此外，教师可以利用网络资源进行课堂投票或即时反馈，从而有效了解学生的学习状态，及时调整教学策略。利用互联网资源，教师还能够提供个性化的教学。根据学生的学习进度和兴趣，教师可以推荐不同的网络学习资源，如在线课程、电子书籍及互动式学习软件，以此来满足不同学生的学习需求。这种个性化的教学方式有助于学生在自己的节奏中探索和学习语文，从而更好地吸收和理解知识。总之，互联网资源的合理利用不仅拓宽了高中语文的教学渠道和手段，还提高了教学效率。这种教学模式的转变是适应现代教育需求的必然选择，它鼓励教师持续探索新的教育技术，不断创新教学方法，最终实现教学质量的全面提升。

（三）虚拟实验和模拟技术在语文学习中的应用

在现代高中语文教育中，信息技术的深入应用正逐渐改变着传统教学模式，其中虚拟实验和模拟技术的引入为学生提供了一个更为直观和互动的学习平台。这些技术不仅增强了教学的趣味性和有效性，而且极大地提升了学生的学习积极性和创造力。虚拟实验室允许学生在没有物理限制的情况下，探索和实验语文学习的各个方面。例如，通过虚拟实验，学生可以深入了解古典文学作品的背景，模拟古代场景，更好地理解作品内容和历史背景。这种技术的运用不仅仅是复现历史，更通过增强现实或虚拟现实技术，使学生仿佛身临其境地体验文学作品的情境，从而深化对文学作品的感知和理解。此外，模拟技术在教学中的应用还包括对复杂诗歌结构和文学理论的解析。通过互动软件，学生可以自主拆解并重组诗句结构，探索韵律美和意象的变化，这种方式比传统的书面解析更加生动，帮助学生在实践中掌握语文知识。值得注意的是，虚拟实验和模拟技术的应用也极大地促进了学生的个性化学习。学生可以根据自己的学习进度和兴趣选择不同的学习模块，进行自主学习。这种方法不仅满足了不同学生的需求，还能有效地监控学习进程，确保实现学习效果最大化[3]。

三、实施高中语文信息技术课堂的策略与路径

（一）师资队伍的建设与培训

在高中语文信息技术课堂的构建中，师资队伍的建设与培训是提升教学质量的关键环节。教师作为教学的直接执行者，其专业能力和信息技术应用水平直接影响到信息技术与语文教学的融合效果。首要任务是确保教师具备必要的信息技术知识和技能。这不仅包括基本的计算机操作技能，还应涵盖最新的教育技术，如智能教学软件的使用、在线资源的整合能力以及互动白板的操作等。对此，教育部门需设立定期的技术培训课程，通过实践操作和案例分析等方式，帮助教师熟练掌握这些工具。除技能培训外，教师的创新意识培养也尤为重要。信息技术快速发展的今天，教师应能积极探索和实践新的教学方法。例如，通过使用博客、微信等社交媒体进行课外阅读指导和作业反馈，或利用在线视频资源丰富课堂内容，使语文学习更加生动和高效。此外，建设一支结构合理的师资队伍也是不可忽视的一环。这意味着要在年轻教师和经验丰富的教师之间实现良好的结合。年轻教师通常更加熟悉和容易接受新兴技术，而经验丰富的教师在教

学方法和课程内容上拥有深厚的积累，双方的互补可以促进教学方法与信息技术的有效融合。评估和反馈机制的建立也是提升教师信息技术应用能力的有效手段。通过定期的教学反馈和评估，教师能够了解自己在信息技术应用方面的长处和短板，进而针对性地调整和改进自己的教学策略。综上所述，师资队伍的建设与培训不应仅仅局限于技术层面的提升，更应关注教师的综合素质和创新能力的培养。这样，才能真正实现信息技术在高中语文课堂中的深入融合与应用，提升教学的整体效率和质量。

（二）课程改革与教学模式创新

在当今的教育环境中，高中语文教学面临着前所未有的机遇与挑战。信息技术的迅猛发展为传统教育模式带来了颠覆性的变革，尤其在教学模式和课程内容的改革上。深化信息技术在高中语文课堂中的应用，不仅可以提高教学效率，还可以激发学生的学习兴趣和创造力。在课程改革方面，信息技术的引入应该超越传统的教学辅助工具角色，成为课程设计和实施的核心。通过信息技术，教师能够设计更加个性化的学习方案，满足不同学生的学习需求。例如，数字化课本和在线资源可以根据学生的学习进度和兴趣点进行调整，使学习更加灵活和自主。在教学模式创新方面，借助信息技术，教师可以创建更加互动和参与感强的学习环境。利用多媒体和虚拟现实技术，教师可以将抽象的文学理论和文本分析转变为可视化和可互动的学习体验。这种方法不仅增强了学生对文学作品的理解，还能提高他们分析和批评文本的能力。此外，信息技术还可以帮助教师进行教学过程中的实时评估，通过数据分析来监控学生的学习状态和进展，从而及时调整教学策略。这种基于数据的教学方法，可以确保教学活动更加有针对性和有效性[4]。

（三）学校管理与支持体系的构建

在构建高中语文信息技术课堂时，学校管理与支持体系扮演着至关重要的角色。成功的支持体系不仅提供了必要的硬件和软件设备，更重要的是，它还促进了一种文化氛围的产生，其中教师和学生都能够充分利用技术资源，增强教学和学习效果。实现这一目标的首要任务是确保学校管理层对信息技术的重要性有充分的认识和支持。管理层的态度直接影响到技术资源的配置和教师培训的质量。因此，构建一套有效的策略来培养管理者对信息技术的正确认知和支持，是整个支持体系成功的基础。教师在信息技术课堂的构建中扮演核心角色。为了使教师能有效地使用技术工具，学校需要制订持续的专业发展计划。这些计划应包括定期的技术培训、研讨会以及整合与技术相关的最佳实践的分享。通过这种方式，一方面，教师能够掌握使用现有技术的技能，并不断更新其技术知识库。另一方面，学校应确保有足够的技术支持人员来维护和升级技术设备。这不仅包括硬件的维护和软件的更新，还应包括对教师和学生在使用过程中遇到技术问题的即时支持。优秀的技术支持不仅减少了课堂中技术问题的干扰，还提高了教师和学生对技术使用的信心。此外，为最大化实现信息技术的教学效果，学校应与外部资源建立合作，包括与高科技公司合作，获取最新的教育技术工具和资源，或与其他教育机构共享课程设计和教学方法。这种外部合作不仅能带来新的资源和观点，还能激发教师和学生的创新思维[5]。

结　语

实施高效的高中语文信息技术课堂，需重视师资力量的构建与提升。教师的信息技术能力直接影响到教学内容的设计与传递的效率。同时，教学模式的创新也是推动课堂效率的重要因素，通过实践探索合适的教学策略，可以更好地激发学生的学习兴趣和创造力。此外，学校需要建立支持体系，确保教学资源、技术支持和管理制度的有效配合。通过这些策略的实施，可以实现教学资源的优化配置和教学方法的有效革新，进一步提升高中语文的教学质量与效率。

参考文献

[1] 沈秀启. 信息技术支持下的高中语文生态课堂构建思路分析［J］. 知识文库，2023（2）：112-114.

[2] 张诺，隋倩倩. 信息技术构建高中语文情境课堂的途径［J］. 新课程教学（电子版），2021（21）：143-144.

[3] 李兴武. 应用信息技术构建高中语文情境课堂的有效途径［J］. 中小学电教，2020（4）：37-39.

[4] 胡启荣. 用信息技术构建高中语文情境课堂［J］. 新课程（下），2019（5）：113.

[5] 杨永红. 巧用信息技术构建高中语文高效课堂［J］. 实验教学与仪器，2016，33（Z1）：78-79.

第六篇　探讨新课程标准背景下中职语文核心素养的培养策略

摘要：新课程标准对中职语文教育的影响颇为深远。以往的教学模式注重知识灌输和应试训练，而新课程标准的出台则将重心转向了培养学生的核心素养。中职语文核心素养的培养成为教育改革的重要任务和挑战。中职语文核心素养包括阅读能力、写作能力、口语表达能力和思维批判能力等方面。因此，在新课程标准背景下，如何全面而有效地培养中职学生的语文核心素养是一个亟待解决的问题。

关键词：中职语文；新课程标准；核心素养

前　言

在新课程标准的背景下，培养中职学生语文核心素养显得尤为重要。语文核心素养的培养不仅关乎学生的言语表达和沟通能力，更涉及他们的思维能力、文化素养和人文关怀等方面。因此，语文教师还应充分发掘语文课程中的核心素养内涵，提升学生的多方面能力，使其形成健全的人格，促进职业生涯的发展。

一、新课程标准背景下中职语文核心素养的培养必要性分析

首先，中职语文核心素养的培养可以提升学生的综合语言能力。语文作为一门综合性学科，其作用不仅仅是传递知识，更重要的是培养学生的思维能力、表达能力和交流能力。通过对中职学生进行核心素养的培养，

可以帮助他们更好地理解和运用语言。

其次，中职语文核心素养的培养可以促进学生的个性发展。每个学生都有自己独特的思维方式和个性特点。中职语文课程的学习和核心素养的培养，可以激发学生的创造力和想象力，培养其独立思考和解决问题的能力。这将为他们未来的发展打下坚实的基础，并促使他们成为独立、自信的个体。

最后，中职语文核心素养的培养有助于加强学生的文化认同和价值观塑造。语文课程承载着传统文化的精华和人文精神的熏陶。通过对中职学生进行核心素养的培养，可以帮助他们更加深入地了解和理解中华民族的优秀传统文化，提高对自己民族文化的自信和认同感。同时，通过培养正确的价值观念和道德意识，可以引导学生形成良性的品德和行为习惯[1]。

二、新课程标准背景下中职语文核心素养的培养策略

（一）积极拓展教学资源，提升学生的语文核心素养

教学资源是中职语文教学开展的有效保证，充足的教学资源对提高学生的语文核心素养有着非常重要的作用。

第一，中职语文教师应当多了解学生，从学生的兴趣爱好出发，在生活中多寻找可以和语文知识结合的案例，并将其改造成教学资源，以充实课堂教学内容和形式，让学生充分认识到语文学习的重要性和实用性，从而重视并主动参与教学过程，提高对语言的理解和运用能力。例如，教师可以在进行语言技巧的应用教学时，引入一些商业谈判案例，让学生在了解商业案例的同时，认识到案例分析和谈判语言组织等环节都需要参与人员具备良好的分析能力和语言组织能力[2]。

第二，教师应注重理论与实践结合，充分利用实践活动，使学生能够

较好地掌握语文实践知识。定期组织学生参加社会调查或课外活动，以有效提升学生的观察和思维能力，并引导学生注意观察语文知识在社会生活中的应用案例，推动学生的语文思维发展。例如，在《荷塘月色》学习中，教师可以组织学生进行一次荷塘赏月活动，让学生切身感受荷塘月色的美好，并引导学生感受文章中的语言美、画面美和意境美，从而更好地指导学生对生活进行观察以及将景物描写法应用到生活实践中。学生通过在生活中对语文知识的感悟和思考，有效提高语文思维能力。

（二）改进教学方法，提高中职语文核心素养培养的有效性

传统的教学方法已经无法适应当前中职语文教学的要求。应结合学生特点精选教学方法，灵活采用案例教学法、小组学习法等，充分发挥微课、多媒体技术等在教学中的效用，这对中职语文核心素养的培养具有事半功倍的作用。

例如，在学习《父亲的手提箱》一文时，为了让学生更好地理解这位土耳其作家的课文内容，教师可以借助多媒体给学生播放奥尔罕·帕慕克（Orhan Pamuk）在诺贝尔文学奖颁奖典礼上的演讲视频，并通过PPT课件介绍奥尔罕·帕慕克的生平，使学生快速了解作家及课文的背景。随后，教师为学生播放课文的中文朗诵，以父亲的手提箱为线索，让学生体悟作者的父亲对作者在文学创作道路上的影响。在优美的课文朗诵中，使学生更深刻地感受作者对父亲的真挚情感。在中职语文教学中使用多媒体技术，充分发挥视频、图片的视觉作用，可使学生充分了解课文的背景知识，进一步提高学生的审美发现与鉴赏能力[3]。

（三）构建全程化的中职语文核心素养培养体系

中职学校以培养高素质应用型人才为目标，遵循职业培养的模式和理念，将学生在校学习阶段分为基础学习阶段、系统学习阶段和就业实习阶段。中职学生语文核心素养也应当遵循这种教学规律和模式。

学生在刚进入学校时处于基础学习阶段。这时语文教学以培养学生的理解和应用能力为主，引导学生在学习经典文学作品的过程中促进语文思维能力的发展，并由此提升文学鉴赏能力，培养学生的文化自信和文化自觉，鼓励学生广泛阅读，自觉成为中国文化传承者和参与者，为实现提高中职学生语文核心素养的目标打下坚实的基础[4]。

进入二年级后，让学生在掌握语文基础知识的同时，加深对未来从事职业和行业的了解，并通过不断拓展教学资源和课外知识，锻炼其职业思维，深度挖掘职业背后的文化内涵。例如，对财会专业的学生，可以让他们通过语文课和专业课的学习，逐步了解以后从事工作的重要性，进而明确账目核算质量对公司运营的重要影响，并最终通过加强语文学习和专业课学习，提升自身的原始凭证审查能力、账务清算思维能力以及账目登记编写能力等。

在学生进入三年级后，由于面临着实习和毕业挑战，这一阶段应当重点加强对学生职业核心素养的培养。除了要求学生能够熟练运用职场语言进行社交沟通外，还要重点拓展学生的职业思维，促使其了解职业文化，并在工作中培养自身的职业能力和道德操守等，为其将来的就业和职业发展奠定坚实的基础。

（四）以职业能力为导向，提高学生的语文核心素养

《中等职业学校语文教学大纲》明确要求，中职学生在语文学科学习中应充分掌握听、说、读、写等应用技能[5]。

首先，加强学生交际能力的锻炼，侧重听、说能力的培养。教师应在平时的课堂教学中要求学生注重普通话的练习，并要求用词恰当、表达清楚。多为学生提供听、说的平台和机会，例如多组织辩论活动、演讲比赛等。

其次，加强学生应用文体的写作训练。现代企业对员工素质要求越来越高，不仅要求员工具有扎实的专业技能，而且要求员工会分析思考、逻辑思路清晰，善于总结表达等。因此，教师在教学过程中应加强学生应用性文体，例如求职申请书、工作计划、通知、总结以及劳动合同等的写作技能锻炼，为学生毕业后参加工作奠定良好的基础。

结　语

总之，在新课程标准背景下，中职语文核心素养的培养对于学生的全面发展至关重要。它不仅可以提升学生的语言能力，还有助于促进个性发展和塑造正确的价值观。教育工作者和社会各界应共同努力，为中职语文核心素养的培养创造条件和机会，使更多的学生从中受益，为他们未来的成长和发展奠定坚实的基础。

参考文献

［1］王文倩. 新课程标准背景下中职语文核心素养的培养策略［J］. 语文教学之友，2023，42（1）：17-19.

［2］李楠. 中职语文教学中学生语文核心素养的培养［J］. 美眉，2023（6）：0178-0180.

［3］张圆玲. 优化中职语文综合实践教学，提升学生语文核心素养［J］. 课程教育研究，2022（4）：3.

［4］朱晓燕，王淑霞. 立足新课程标准的中职语文学科核心素养培育［J］. 中国标准化，2023（8）：226-228.

［5］高歧东. 中职语文学科核心素养教学实践研究［J］. 国家通用语言文字教学与研究，2023（1）：128-130.

第七篇　课程思政视域下中职语文线上线下混合式教学策略

摘要：本文从课程思政的视域出发，探讨了中职语文线上线下混合式教学的策略。其中包括教学内容的设计和整合、教学方式的创新和实践，以及教学评价的改革和创新。通过精心设计线上课程、创新线下教学方式，以及注重任务导向评估等措施，可以更好地适应混合式教学的需求，增强并提高教学效果和质量。

关键词：课程思政视域；中职语文；线上线下混合式；教学策略

引　　言

随着信息技术的高速发展，中职语文教学也逐渐走向线上线下混合式教学的模式。这种教学模式不仅可以提供更多的学习资源，还能促进学生自主学习和实践能力的发展。然而，在线上线下混合式教学中，如何设计和整合教学内容、创新和实践教学方式，以及改革和创新教学评价，成为教师需要面对和解决的重要问题。

一、混合式教学的定义和优势

混合式教学是一种同时结合线上学习和线下面授的教学模式。在这种模式下，学生通过在线学习平台进行部分内容的学习和讨论，同时在面授环境中进行互动和实践活动。混合式教学具有以下一些优势。首先，混合式教学可以最大限度地发挥线上和线下学习的优势。线上学习的优势在于其具有时间和空间的灵活性，学生可以自行安排学习时间和地点，充分利用各种在线资源。线下面授则可以提供更丰富的互动和实践体验，加强师生之间的互动和合作。其次，混合式教学模式可以更好地满足不同学生的学习需求和学习风格。有些学生更喜欢线上学习，可以通过在线学习平台自主学习和探索；有些学生更喜欢线下面授，可以通过实践活动进行实地体验和互动交流。混合式教学模式可以为不同类型的学生提供个性化的学习机会。再次，混合式教学可以促进学生的自主学习和批判思维能力的培养。在线学习平台提供了大量自主学习资源，学生可以根据自己的进度和需求进行学习；面授环境可以促进学生与教师和同学的互动和讨论，培养批判思维和问题解决能力。最后，混合式教学还能够提高并增强教师的教学效率和效果。在线学习平台可以帮助教师对学生的学习情况进行实时监控和评估，为教师调整教学策略提供数据支持；面授环境则可以实现更好的互动和反馈，为其提供个性化指导和支持[1]。

二、课程思政视域下中职语文线上线下混合教学模式存在的问题

（一）技术设备和网络条件不足

在课程思政视域下中职语文线上线下混合教学模式中，技术设备和网络条件不足是一个严重影响教学效果的问题。在经济欠发达的地区或学校，由于受经济条件限制，学校无法提供先进的技术设备和良好的网络环境，因此教学受限。首先，技术设备不足会直接影响学生的学习体验。缺乏电脑、平板或手机等设备，学生无法参与线上教学或无法充分利用线上教学资源。这使他们无法与教师和同学进行互动和交流，无法及时获取和提交作业，从而影响学习效果。其次，网络条件不足会使线上教学过程中出现断网、卡顿等问题。网络带宽不够或者信号不稳定，既影响学生对课堂内容的观看和理解，也影响教师与学生的实时互动和讨论。这给教学活

动的顺利进行带来了很大的困扰。最后，学校对技术设备和网络的投入不足也会使技术支持不到位。教师在应对各种软件使用问题和技术故障时，缺乏有效的帮助和指导，增加了教学的难度和负担。学校需要加强对师生的技术培训和支持，提高他们对教学技术的应用熟练度和应用能力。

（二）师生互动和沟通不畅

在课程思政视域下中职语文线上线下混合教学模式中，师生互动和沟通不畅是影响教学效果的一个重要问题。在传统的面对面教学中，师生可以直接进行实时互动和交流，而在线上教学中，由于技术限制和沟通方式不同，师生之间的互动面临一些挑战。首先，线上教学模式常常使师生之间的沟通效果不如面对面教学的。通过文字或语音进行的交流可能会产生信息传递的不准确或理解上的偏差。学生可能会因为没有得到及时的解答而感到困惑，而教师也难以及时调整教学策略或解决学生的问题。其次，线上教学使教师少有机会观察学生的情绪和表情，无法直接获得他们的反馈。这使教师很难根据学生的反应来调整教学进度和教学方法，从而教学效果下降。最后，线上教学也缺乏面对面互动的非语言表达方式，如肢体语言、表情和眼神交流等，这在语文教学中尤为重要。这些非语言的交流方式既能够帮助学生更好地理解和掌握语文知识，也能够增强师生之间的情感联系和互动[2]。

（三）学习动力和纪律管理难题

在课程思政视域下中职语文线上线下混合教学模式中，学习动力和纪律管理是一个需要关注的问题。与传统的面对面教学相比，线上学习往往会面临学习动力下降和纪律管理难题。首先，线上学习可能会减少学生的学习动力。在线学习缺乏课堂的氛围和同学之间的互动，学生可能会感到单调和孤单，从而缺乏学习的动力和积极性。其次，纪律管理在线上学习中也面临一定的挑战。与传统教室相比，教师很难在线上环境中监控学生的学习行为和纪律。学生可能会因为缺乏监督而游离于课堂外，不认真参与学习或不及时完成作业。纪律松懈会影响整个课堂的教学效果和学生的学习成果。

（四）教学内容和评价方式的转变

课程思政视域下中职语文线上线下混合教学模式存在的问题之一是教学内容和评价方式的转变。在线上学习环境中，传统的教学内容和评价方式可能需要进行调整和改变，以适应线上教学的特点和要求。首先，教学内容需要更加多样化和互动性。线上教学模式使教师难以直接面对学生，因此教师需要利用多种教学资源和工具来呈现教学内容。教师可以使用教学视频、在线文档和互动课件等方式，激发学生的兴趣和参与度。其次，评价方式也需要进行调整，应更加注重学生的自主学习和对综合素养的培养。传统的考试评价可能不适合在线上环境中的教学模式。教师可以采用更为灵活的评价方式，鼓励学生独立思考、创新探究和批判性思维能力的培养。最后，教学内容和评价方式的转变还需要教师积极探索和应用教育技术工具。教师可以利用在线学习平台、教育应用软件等技术工具来组织和呈现教学内容，并利用在线测验、作业提交系统等来进行评价和反馈。教师还可以利用数据分析工具，对学生在线上学习过程中的表现进行定量分析，帮助教师发现学生在学习时产生的问题，并及时进行指导和支持[3]。

三、线上线下混合式教学模式的选择与设计

（一）教学目标和内容的调整

在课程思政视域下中职语文线上线下混合的教学模式中，教学目标和内容的调整是非常重要的。由于混合式教学涉及不同的学习环境和资源，教学目标和内容需要根据混合式教学的特点进行相应的调整。首先，教学

目标需要更加注重学生的自主学习能力和综合素养的培养。线上的学习环境提供了丰富的学习资源和学习工具，教师可以鼓励学生主动探索、独立思考和深入学习。其次，教学内容应具备更多样化的形式以及更强的互动性。在线学习平台可以提供各种形式的教学资源，如教学视频、互动课件和在线文档等，教师可以利用这些资源呈现教学内容。再次，教学内容还需要注重思政教育的融入。课程思政的核心是培养学生的思想道德品质和社会责任感，语文作为一门基础课程，也应该积极引导学生思考和探索重大的思想道德问题。教师可以选择与思政教育相关的文本和作品，通过线上学习和面授实践的方式，引导学生进行思想交流和思辨讨论，培养学生的思政能力。最后，教学内容的调整还需要考虑学生的学习特点和实际需求。教师可以根据学生的学习水平和兴趣，设置个性化学习任务或项目，让学生在混合式教学中能够找到学习的动力和意义。

（二）线上学习平台的建设与使用

在线学习平台的建设与使用是课程思政视域下中职语文线上线下混合教学模式中的重要环节。以下是一些关键的考虑和策略。

首先，选择合适的在线学习平台。教师需要选择功能强大、易于使用的在线学习平台，以满足教学和学习的需求。平台应具备课程管理、资源共享、讨论交流、在线作业提交和成绩管理等基本功能，并支持多种学习资源的上传和展示。

其次，设计清晰的线上学习课程。教师应该根据教学目标和内容，结合在线学习平台的特点，合理划分课程模块和单元。每个单元应包含教学资源、学习指导、自主学习任务和在线讨论等部分，以促进学生的主动学习和深入思考。

再次，优化在线资源的选择和制作。在线学习平台提供了丰富的资源上传和展示功能，教师可以选择合适的教学视频、互动课件和在线文档等资源，以丰富教学内容和激发学生的学习兴趣。教师还可以自主制作教学资料，如课件、讲义和学习笔记等，以便学生更好地理解和掌握知识。

最后，及时提供在线反馈和支持。教师应定期对学生在线学习的情况进行监控和评估，并及时给予反馈和建议。教师可以通过在线讨论区、邮件和在线笔记等方式与学生互动，为其解答问题，提供学习指导和支持。

四、中职语文线上线下混合式教学策略

（一）教学内容的设计和整合

在中职语文线上线下混合式教学中，教学内容的设计和整合是非常重要的一环。课程思政的视角下，教学内容应该是具有思想道德、文化品位和语言能力综合培养功能的，针对中职学生的实际需要进行科学合理的课程构建。下面是一些具体的策略和建议。

首先，精心设计线上课程。教师可以让线上学习平台淋漓尽致地发挥自主学习、互动探究、合作研究的优势。应该将课程内容拆分为多个模块，每个模块设计主题、学习目标、自主学习任务和在线交流等环节，尽量让学生参与整个线上课程的构建和探究。

其次，创新线下教学方式。线下教学活动应该注重实践、互动和创新，既让学生体验到语文学科的魅力，又能够培养学生的思想、品质和能力。教师可以引入文化艺术、社会实践和公益活动等多种教育资源，形成有机的教学活动体系，丰富和深化学生的语文知识和文化素养。

最后，整合教育资源和社会资源。教学内容整合不单是学科知识上的整合，也是教育资源和社会资源上的整合。教师应该积极开展校际、社区的教育资源共享，与相关单位积极协调实践项目，并组织带领学生参与其中，为学生的语文教育提供更广阔的视野和资源，提高学生课程学习与实践应用能力[4]。

（二）教学方式的创新和实践

在中职语文线上线下混合式教学中，创新和实践教学方式是非常重要的环节。教师需要正确认识和使用混合以后的多样化学习方式，充分发挥线上线下各自的优势，促进教育教学的发展。下面是一些具体的策略和建议。

首先，加强学生自主学习。线上学习平台具备强大的自主学习功能、学习资源和学习工具，教师可以通过提供在线学习指南、自主学习任务和交流讨论等方式，帮助学生找到学习重点和方法，激发自主学习的兴趣和能力。

其次，注重线下教学的实践性和互动性。线上学习平台可以方便学生进行自主学习和资源共享，但教师需要注意到线下教学的实践性和互动性。教师可以采取多种情境化的教学策略，结合实践教育、探究学习等多种教学形式，促进学生对语文知识的深度理解和应用。

最后，实行个性化教学，满足学生的不同需求和特长。混合式教学使教师有更多的时间来关注学生的个性化学习需求和发展。可以采用个性化教学或分层次教学，使每名学生都能得到适合自己的学习内容和方法，从而提高教学效果和质量。

（三）教学评价的改革和创新

在中职语文线上线下混合式教学中，教学评价不仅仅是单纯的考试和测量，更应该考虑到学生的综合素质和对实践能力的培养，从多个方面对学生的学习进行评价及反馈。以下是一些思政教育视角的策略和建议。

首先，注重基于任务的评估。基于任务的评估是混合式教学的核心，应该综合运用各种任务（如课堂任务、课外项目、社会实践等）来评估学生的学习成果，重视学生的实践能力和思考品质的提升。

其次，强调多元性评估。多元化的评估方式可以帮助教师更全面地掌握学生的学习状况和表现。教师可以采用定期作业、听、说、读、写等不同形式的评估方法，以便全面了解学生的语文能力及技巧提升。

最后，充分利用学生的反馈和建议。教师应该接受并充分利用学生的反馈和建议，及时了解学生的需求和问题所在，为学生提供更加贴近学生实际需求的教学方法和内容。教师可以通过在线问卷调查、学生反馈和个别沟通等方式，积极收集学生的意见和建议[5]。

结　语

中职语文线上线下混合式教学的实施需要教师在教学内容的设计和整合、教学方式的创新和实践，以及教学评价的改革和创新方面付出努力。只有通过精心设计和整合教学内容，创新和实践教学方式，以及改革和创新教学评价，才能够更好地适应混合式教学的需求，提高教学效果和质量。中职语文线上线下混合式教学的发展，必将为学生的综合素质和实践能力的培养提供更广阔的空间和机会。

参考文献

［1］韦怡. 课程思政视域下中职语文线上线下混合式教学策略［J］. 广西教育，2021（22）：99-100+143.

［2］韦冬萍，黄可旺. 线上线下混合式教学模式在中职语文写作教学中的应用［J］. 广西教育，2023（14）：130-132+144.

［3］覃艳飞. 中职思政课程线上线下混合式教学改革对策研究［J］. 新课程，2023（9）：126-128.

［4］李瑛. 中职语文线上线下混合式教学的实践［J］. 华夏教师，2023（5）：57-59.

［5］张磊. 线上线下混合式教学在中职思政课程中的实践［J］. 现代职业教育，2021（18）：210-211.

第八篇　中职语文与专业课程融合促进语文核心素养提升策略

摘要：2019年6月，教育部发布《关于职业院校专业人才培养方案制订与实施工作的指导意见》，强调职业教育的类型特点和对复合型技术技能人才的培养方向。依据该意见，职业院校明确了人才培养规格和必备能力，尤其要求语文学习服务于职业发展，将语文教学与专业课程学习相融合。当前，中职语文学习存在与专业课程关联性不足的问题，如语文学习的专业导向不够明确，无法满足中职学生专业发展的文化需求，对学生专业实践能力的提升作用有限，语文学习导向的文化氛围和企业发展融合度不足等。因此，新时代教育复合型人才培养要求为中职语文教学指明了新方向，要求有效关联语文与专业课，实现语文和专业课核心素养的双提升，让学生在语文课人文环境的熏陶下树立并强化职业意识，学习职业精神，培养复合型技能人才。

关键词：中职语文；专业课程；语文核心素养

当前，随着社会经济的快速发展，中职教育在人才培养方面面临着更多的挑战和机遇。为了更好地适应市场需求和学生的职业发展，中职学科教学融合势在必行，作为重要的基础学科，中职语文尤其需要与专业课程进行融合，通过多措并举培养学生的核心素养，提高学生的语文应用能力和综合素质水平。本文将从以下几个方面进行探讨和分析。

一、中职语文与专业课程融合的现状与问题

目前，虽然中职语文教学已经开始与专业课程进行融合推进，但在实际教学过程中仍然存在一些问题。首先，中职语文与专业课程教学内容的融合不够紧密。在现有的中职语文教材中，虽然已经有一些与专业相关的内容，但总体来说，中职语文教学内容与专业课程的联系还不够紧密，缺乏针对性和实用性。其次，中职语文与专业课程教学方法的融合不够灵活。在中职语文教学过程中，一些教师的教学方法比较单一，缺乏创新性和实践性，这与以重视实操的专业课程教学方式形成较大反差，并且难以按照实际需要灵活调整，这使得学生对中职语文的学习感到枯燥无味。最后，中职语文与专业课程评价体系的融合不够科学。在现有的评价体系中，中职语文和专业课程的评价体系相对独立，缺乏相互贯通的科学性和一致性，使中职学生更加侧重于贴近职业发展方向的专业课程的学习，而忽略中职语文等基础学科的学习。

二、语文核心素养的内涵与意义

核心素养是指学生在接受教育过程中所形成的、能够适应个人终身发展和社会发展所需要的必备品格和关键能力。语文核心素养是一种以语文能力为核心的综合素养。《普通高中语文课程标准（2017年版2020年修订）》认为，语文学科核心素养是学生在积极的语言实践活动中积累与建构起来，并在真实的语言运用情境中表现的语言能力及其品质；是学生在语文学习中获得的语言知识与语言能力，思维方法与思维品质，情感、态度与价值观的综合体现。语文教材总主编温儒敏教授将其概括为“语言建构与运用”“思维发展与提升”“审美鉴赏与创造”“文化传承与理解”四个方面，并指出语文学科核心素养的四个方面是一个整体。

由此，在中职语文与专业课程融合的过程中，语文核心素养的提升具有非常重要的意义。首先，有利于提高中职学生的综合素质水平。通过对中职语文与专业课程的资源进行整合、拓展，突破教材的限制，让学生在解决情境化问题的过程中找到语言知识、专业知识、实践能力之间的纵横联系，从而切身体会语文知识的应用价值和其中包含的文化精神，自觉结合专业特点学语文、用语文，从而在素质、知识、能力三个维度提高综合素养。其次，有利于增强中职学生的社会适应性。在中职语文与专业课程融合的教学过程中，学生需要接触更多的学科知识和实践应用，这可以帮助学生更好地了解社会和职业发展的趋势和要求。培养学生的语文核心素养，可以增强学生的社会适应性和职业竞争力，帮助学生更好地适应未来的职业发展。

三、融合背景下的语文核心素养提升策略

为了更好地促进中职语文与专业课程的融合，提高学生的语文核心素养，在实际的教育教学过程中，我们需要采取以下策略。

（一）加强两类学科的教学内容的融合

根据不同专业的特点和学生需求，开发适合不同专业的中职语文教材和教学资源，将语文知识、阅读、写作等与专业知识进行有机结合。例如，笔者在动漫专业班级开展语文教学时，立足课标，参考人培，整合教材，以“追寻精神家园”为主题，重构“古代诗文选读专题”，以期在优秀传统文化中找到精神支撑、情感寄托和心灵归宿。针对中职学生对古诗文望而生畏、因“畏”生“厌”的难题，在课程融合设计上，一方面以情动人，通过在文字中“寄情山水”“融情秋月”“共情人生”，充分调动生命体验，激发学生情感共鸣；另一方面结合专业特点，将中国古代“绘画六法”有机融入古诗文课堂，突出诗情画意，点亮整体设计，并且结合

课堂内容衔接课外活动，实现文专深度融合。如在中秋佳节开展“月满佳节，诗画中秋”游园活动，包含动漫设计专业学生的诗配画折扇、社会文化艺术专业的诗吟唱以及各个班级的特色DIY灯笼等活动，将语文课程学习的内容“润物无声”地融入活动中，以活动突破学科和专业壁垒，通过活动将传统文化延展进课堂，实现语文与专业课程融会贯通，并关注学生必备品格与关键能力培养，在阐释诗配画的创作过程中自觉提升语言建构能力和审美创造力，推动中华诗词文化传承，推进学生综合素养提升，既切实解决学科融合不足的问题，又提升了语文核心素养。

（二）提倡实践性和应用性的教学方法

语文课堂改变了传统的单一的教学方法，采用多种教学方法和手段，注重实践性和应用性的教学。例如针对旅游专业的学生，采用情境模拟法进行教学，通过引入不同地域的文学作品，如橘子洲头的《沁园春·长沙》、江南的《雨巷》，模拟导游的工作场景，让学生在学习语文知识的同时，掌握旅游专业知识，提高实践能力等核心素养；采用项目化教学法进行教学，通过小组合作共同完成一个旅游项目的计划和实施，在语言构建的基础上不断发展提升思维和审美鉴赏的能力，提升学生语文核心素养。针对传媒专业学生，结合专业特长，组织学生积极参加各项语言类比赛并斩获多项大奖，出版自主编写的古风诗集，通过将自主拍摄的田园诗短视频，结合自媒体的传播，在抖音、快手等新媒体平台投放，提升学习语文的兴趣。

（三）构建学科相融的科学评价方式

根据不同专业的特点和需求，建立科学的评价方式，注重评价的全面性和公正性。语文课程评价体系坚持“发展性原则”，立足学生课前、课中、课后的实际学习情况，综合依据诊断性评价、形成性评价、结果性评价和增值性评价，对学生的学习效果进行定性、定量分析。全程实时采集、分析数据，重视学生自评、同伴互评、语文老师评级的有机结合，同时引入专业老师评价、企业顾问评价和小程序社会认可等多维度评价，力求评价有温度、有广度、有深度，使其能够在对学生进行全面评估的同时，更对他们未来的学习有启发、有促进。例如，笔者在计算机应用专业教学中，将中职语文学科中的写作、阅读理解等与计算机应用专业中的编程、软件应用等进行融合，特别是将古诗词教学模块与古风网站创建相结合，以网站的受欢迎程度作为古诗词模块学习评价的参考，既能激发学生传承传统文化的热情，也能在融合中促进学生的综合发展。

综上所述，以中职语文与专业课程融合促进语文核心素养提升是培养高素质技术技能人才的重要途径之一。教师应该从加强学科教学内容间的融合、提倡实践性和应用性的教学方法、建立科学的评价体系等方面入手，不断推进中职语文与专业课程的融合发展，切实提高学生的语文核心素养和综合素质水平。

四、专业课程融合策略的实施保障措施

（一）师资培养

师资培养是促进专业课程融合实施的重要保障措施。在中职教育中，加强语文教师和专业教师的培训，提升他们的融合教学能力和学科知识水平，对有效地推进专业课程融合具有重要意义。

首先，对语文教师的培训是关键。语文教师应接受专门的融合教学培训，提高其教育教学理论水平和实践能力。这包括加强对融合教学理念的了解，深入研究融合教学方法和策略，培养教师的创新能力和教育教学的跨学科沟通能力。同时，通过参加学术研讨会、交流访问和课题研究等形式，提升教师的学科素养，丰富教师教育教学的实践经验。

其次，对专业教师的培训也是至关重要的。专业教师在融合教学中扮

演着重要角色，因此他们需要了解语文教育的目标和要求，提高自身的语文运用能力，以更好地配合语文教师的教学工作。专业教师应参与教师培训计划，接受与语文教学相关的培训，深入了解语文知识和教学要点，提高教师对语文教育的认识和理解。此外，专业教师也应加强与语文教师的交流与合作，共同研究和制订融合教学的教学计划和教材，提高教师的跨学科能力和教育教学的综合素质。

最后，还应建立完善的培训机制，确保师资培养工作的有效开展。学校应组织专门的培训机构或团队，负责师资培养计划的制订和实施，提供系统化的培训课程和资源。培训机构可与相关教育机构或高等院校合作，共同推出培训项目，为教师提供更高质量的培训。

（二）教材编制与资源开发

教材编制与资源开发是专业课程融合策略实施的另一个重要保障措施。中职教育的特点决定了教材和教育资源需要与之相适应，以支持融合教学的实践。

首先，针对中职教育的特点，需要开发适应融合教学的教材。这些教材应该能够满足学生跨学科学习的需求，帮助他们在专业课程和语文教育中实现更好的融合。在编制教材时，要注重教材的内容设计和组织，将专业课程和语文学科的知识点有机地结合起来，以提升学生的综合能力。此外，教材还应突出实践性和应用性，通过案例分析、实验操作等方式，激发学生的学习兴趣和实践能力。

其次，优质的教育资源对于融合教学的实践至关重要。教育资源的开发包括多方面的内容，如教育视频、网络课和教学案例等。这些资源应该丰富多样，有针对性地满足学生的学习需求。例如，通过优质的教育视频，可以展示专业知识的实际应用，帮助学生更好地理解和掌握知识。同时，网络课件的开发也可以为学生提供在线学习的支持，促进他们的自主学习能力。

最后，教育资源的交流共享也是非常重要的。学校和教师应加强与其他学校、教育机构以及行业企业的合作，推动教育资源的交流共享。这可以通过组织教师培训、研讨会和教学展示等方式来实现，分享教学经验和成功实践。

（三）管理机制

管理机制是促进专业课程融合实施的重要保障措施。建立中职学生语文核心素养的评价体系，加强管理和监督，是提高融合教学质量和效果的关键措施。

首先，建立中职学生语文核心素养的评价体系。中职语文课程融合教学的目标是提高学生的跨学科素养和实践能力，因此需要建立科学、合理的评价体系，对学生的学习情况进行定量和定性的评价。评价体系应综合考虑学生不同方面的能力和素质，包括专业知识的掌握、语言表达能力和创新能力等多个方面，细化评价指标，评估学生在语文课程和专业课程中的融合学习效果。

其次，加强管理和监督。学校应建立完善的管理机制，确保专业课程融合实施的顺利开展。为此，学校应制订完善的教学计划和制度，明确教师和学生的责任和义务。学校还应建立专门的督导机构，进行定期的教学督导和反馈，及时跟进课堂教学质量和效果，为教师提供及时的支持和指导。最后，加强融合教学实践的质量和效果的研究。学校应加强跨学科教学的实践研究，定期开展教学研讨会、学术讲座等活动，提高教师和学生的融合教学能力，并结合实践探究可行的融合教学方法和策略，实现融合教学理论和实践相结合。同时，学校还应组织开展教学评估研究，对各种融合教学模式进行评估和反馈，探索更加科学、合理、有效的教学方法和策略，为中职教育的融合教学提供指导。

参考文献

［1］赵明慧. 公共基础课与专业课融通的路径探析——以高职大学语文为例［J］. 江西电力职业技术学院学报，2021，34（8）：72-73.

［2］覃宏，谢小文，潘冰冰，等. 基于信息化教学的中职经贸专业课与文化课“相辅相融”的研究与实践［J］. 企业科技与发展，2019（6）：155-157.

［3］袁建桦. 职业学校语文学科与专业课融合教学初探［J］. 职业教育（下旬刊），2020，19（6）：66-70.

［4］陈静，戴智敏. 中职“语文+X”跨界融合教学探究［J］. 职业教育（下旬刊），2020，19（7）：76-80.

［5］王秋燕. 跨界融合背景下的中职学校教学改革思考［J］. 福建茶叶，2019（8）：165.

［6］朱维娟. 以学科跨界融合助力核心素养提升——以中职烹饪专业语文教学为例［J］. 职业，2019（21）：109-110.

［7］董丽. 语文核心素养视域下外国长篇小说教学策略研究——以部编版高中语文教材为例［D］. 学位论文库，2021（6）.

第九篇　论高中任务驱动型作文有效教学策略分析

摘要：随着我国教育制度的不断发展进步，培养学生的综合能力已经成为教育的主要目标，素质教育的内容不断深入教学。语文是学生学习的主要科目之一，而语文作文的教学更是学生学习的重点内容，因此，为了促进学生综合素养的提升，教师要在作文教学过程中对学生进行采取任务驱动型作文教学，提升学生的写作积极性和写作能力，从而有效培养学生的思维能力和语言书面表达能力，促进学生的发展进步。

关键词：高中；任务驱动型作文；教学策略

任务驱动型作文是指教师在对学生进行作文教学的过程中，能够确立学生的主体地位，让学生根据作文题目的要求进行有效思考，对作文内容和写作思路进行有效构建，合理分析作文题目多样性，从而将作文内容进行书面表现，有效地增加学生的习作训练，提升学生的写作能力。

一、培养学生对作文内容进行思考的能力

培养学生写作能力的目的就是让学生在写作的过程中能够融入自己的情感，从而更好地对他人进行感染，通过读者与作者之间进行紧密的联系，来促进彼此情感的融合。因此，教师在对学生进行作文教学的过程中，要增强学生对作文内容的思考，合理采用任务驱动型作文的教学形式，让学生在讨论交流中加深对作文题目的理解，有效地提升学生对写作内容的思考深度与广度。由于任务驱动型作文指是指具有争议性的文章材

料，因此教师在培养学生进行写作训练的过程中一定要先培养学生的思考能力，从而有效地加深学生对材料的理解程度，掌握对作文题目的要求，能够将作文中的事件进行详细的分析理解，进行有效的作文写作训练。

教师在学生进行任务驱动型作文学习的过程中，可以列举每年高考中的作文案例，例如“随着我国经济水平的发展进步，科学技术的产物也开始走入家家户户，人们的生产和生活方式也在发生着改变，微信和QQ的使用，丰富了人们的生活，但是在使用过程中经常会出现家长为孩子参加的某一活动进行拉票的现象。这种现象，是家长爱孩子的表现，还是有失社会公平的现象，或者是利用网络技术来谋取私利呢？”通过这一作文题目，教师要培养学生对作文内容进行思考的能力，启发学生从多角度看待这件事情，从而让学生在作文中能够发表自己的看法，促进其作文内容的新颖性。

二、培养学生独立分析作文题目的能力

任务驱动型作文有利于提升学生的独立思考能力，拓展学生的思维能力，有利于多角度地让学生对作文内容进行标新立异，促进语文教育的发展进步。因此，教师在培养学生对驱动型作文写作能力时，要培养学生独立分析作文题目的能力。首先，教师需要引导学生正确理解作文材料，进而让学生对材料中所表达的事件进行自主分析，使学生有效地发现作文题目中的多样性，从而有利于学生确立写作的主题。并且不能让学生过于极端地肯定或者否定一件事，而是要分清主次，对作文题目进行有效论述，培养学生深层挖掘作文题目内涵的能力，从而改变传统作文教学对学生死板地进行知识和内容教育的现状，促进学生写作水平的提升。

例如：在自助图书馆内推行没有门、没有管理员的借书模式过程中，人们依靠自律进行借书，虽然图书馆的书籍在年终盘点的过程中增加了原

有的数量，却依然有丢失的书籍。针对这一件事情进行写作，教师需要培养学生独立分析作文题目的能力，让学生从这一事件中看到人们的诚信意识，分析这件事情中所表现的两种不同人物，有的人借书会归还，有的人不会；有的会捐赠图书，有的不会，从而提升学生对题目的理解，为学生的写作提供新鲜的思路，促进学生写作水平的提升。

三、教育学生将作文与实际相联系

作文的写作素材只有来自现实生活才能引起人们之间的共鸣。所以教师在教育学生进行任务驱动型作文写作的过程中，要将作文内容与现实生活进行合理有效的联系，从而提升作文本身的价值以及学生的写作能力。

例如：在女儿打电话举报父亲开车打电话这件事情中，学生就可以与生活实际中因为接打电话而发生车祸的事情相联系，加深读者对学生写作意图的理解，从而增加写作内容的真实可靠性，提升学生的写作水平。

教师为了加强学生将作文与实际生活相联系的能力，可以在学生进行任务驱动型作文训练前，为学生播放相关的现实生活中的视频或者图片，并为学生介绍相应的新闻事件或者讲述一些学生不太了解的故事，为学生积累写作素材，并经常带领学生进行社会实践活动，例如走入敬老院、福利院等机构，让学生在实践的过程中积累生活经验，加强学生对生活素材的积累，从而有效地提升学生的写作能力。

结　语

提高高中任务驱动型作文教学的有效性，有利于提升学生的写作积极性，拓展学生的思维能力，增强学生的想象力和创造力，促进学生自主学习能力和独立思考能力的提升，从而有效地促进学生写作能力的提升，提升学生的语文成绩，促进学生的全面发展进步。

参考文献

［1］李传会．“任务驱动型材料作文”及写作策略［J］．贵州师范学院学报，2016（7）．

［2］蒋丽玉．例谈高考任务驱动型作文指导［J］．福建基础教育研究，2016（7）．

第十篇　厘清差别，凸显中职语文特色

——中职语文与普高语文的区别

摘要：中职语文与普高语文（普通高中语文）同为高中学段的文化课程，是对祖国优秀文化的学习，都是语言与文化的综合科目，具备工具性与人文性统一的特征。但由于教学对象的差异，两者在教学内容、教学方法和评价方式上也存在较大差异。厘清二者差异，既能够体现语文的学科特点，又凸显职业教育特色。

关键词：中职语文；专业；职业

职业教育是指为了培养高素质技能人才，使受教育者具备从事某种职业或者实现职业发展所需要的职业道德、科学文化与专业知识、技术技能等职业综合素质和行动能力而实施的教育。随着国家对职业教育的重视，社会对技能型人才的需求不断加大，职业教育越来越受到人们的重视。2022年5月1日，《中华人民共和国职业教育法》修订首次明确职业教育与普通教育具有同等重要地位。中职学校在学生的学习生活中扮演着越来越重要的角色，培养了更多的技能型人才，为我国经济建设和社会发展作出贡献。

中职语文是中职教育中一门重要的文化基础课，它既要积极向专业课程的教学延伸、渗透，又要保持自身的独立性和完整性，对提高学生的文化素养、职业素质具有重要的意义。与普通高中语文教学相比，中职语文教学的主要特征为三个方面：职业性——针对中职学生就业方向，课程设置紧贴专业实际需要；实践性——课程内容与专业密切结合，实践机会丰富；应用性——通过阅读、写作、口语交际等活动，增强学生的实践能力和应用能力。随着中职语文创新与改革的力度不断加大，教学理念也发生着日益深刻的变化。然而，中职语文教学中脱离学生专业的“普教化”现状仍普遍存在，厘清两者的差别，凸显中职语文的特点，将更有利于开展语文教学。

中职语文与普高语文同属于中学语文课程。但二者在教学目的、教学内容、教学方式和评价方法等方面有所不同，其区别主要体现在以下几个方面。

一、教育对象不同，降低语文知识难度，融合专业丰富外延

近年来，随着教育改革的不断深入，推动备课重点从备教材、备老师到备学生的转变，凸显学生的主体性。开展中职语文教学前，我们首先要对教育对象有正确清晰的认知。我们的教育对象——中职学生虽然与普高学生处于相同的学段，但是不管是身心特点还是知识储备都有明显的差异。中职生相对学习成绩、习惯都较好且积极性、主动性较高的普高学生而言，学习基础较差，学习能力较弱，学习动力不强。可喜的是动手能力普遍较强，遗憾的是因为语文课程需要学生动手操作的内容较少，学生动手实践的特长在语文课堂上鲜有用武之地，对学生能力的培养也缺乏立竿见影的效果，所以，中职学生学习语文的热情不高。这就要求在我们的教学过程中更契合学生实际，适当降低教学内容的难度，强化语文课与专业课的融合，提升学生学习语文的兴趣。

二、教育目的不同，强化与职业、专业融合，凸显职业特色

中等职业教育是应用型教育。《中职语文教学大纲》明确提出中等职

业学校语文教学应培养学生“掌握日常生活和职业岗位需要的现代文阅读能力、写作能力、口语交际能力”，并以“适应就业和创业的需要”为旨归。这一描述使一般意义上的语文应用能力有了新的内涵，具有职业教育特色。同时，语文作为公共基础科目，其学习也为专业课学习打下坚实语言基础。而普通高中语文教学的教育目的在2022年新课标中明确指出，强化让学生掌握基本的语文知识、基本的阅读和写作技能，了解中国传统文化，提高人文素养和审美情趣，发展创新能力。语文课程在提高学生的人文素养、培养学生正确的价值观、人生观等方面起着非常重要的作用。中职语文教学应重视对学生进行文化知识传授、道德教育和思想品德教育，增强学生对国家和民族的认同感、自豪感，增强他们学习语文的兴趣和学习能力。通过语文课程教学提高学生对文学作品的理解能力、表达能力、审美能力和创新能力。同时，作为公共基础课，语文课还要为专业课的学习打好语言的基础，实现文专高效融合，体现公共基础课在整个职业教育中的基础性地位。

三、教学内容不同，源于语言文化，侧重实践运用

普通高中语文课程教学内容分为三个层次：第一层次为思想政治、道德修养和法律基础等，主要是进行思想政治、道德修养方面的教育；第二层次为文化基础知识和基本技能，主要是进行文化知识的教育；第三层次为阅读能力，主要是进行阅读能力的培养，包括写作能力。而中职语文的教学内容主要有思想政治、道德修养、法律基础、实用文体写作等。其教学内容注重实用性，偏重对学生职业能力的培养，在专业学习中，学生经常需要进行口头表达或者书面表达，而这恰好与语文学科中的口语能力与写作能力相对应。教师在教学中如果能够选择与专业相关的题材来进行训练，往往可以收到更好的效果，例如，培养学生的口语交际能力，面向导

游专业的学生可以选择写“导游词”主题，面向计算机专业的学生可以选择“新技术介绍”的主题。事实上，在语文课堂上选择这样的主题，本身就能够激发学生的兴趣，而兴趣驱动下的口语交际能力培养，效果显然更佳。教学内容与职业特点紧密联系，并且在课程结构上采取了模块式结构。中职语文与普通高中语文的另一个内容区别在于，中职语文内容比普通高中的多且杂。中职语文教学内容不仅包括了文学常识、文言文和古代文化常识等文化基础知识，还包括了实用文体写作等职业技能培训。此外，还包括了影视鉴赏和信息技术应用等内容。在教学过程中凸显职教特色，把语文知识与专业知识融合，形成中职语文学习的肥沃土壤，将语文知识的讲解与学生日后的实际生活与工作联系起来，丰富学生的语文素养，为社会培养更多优秀的职业技能人才。

四、评价方法不同，拓展评价方式，衔接专业维度

普高语文有非常明确的评价手段——高考。因为有了高考的“指挥棒”，教学的导向性才非常明确。但是中职语文的评价手段相对多样化。考试形式、考试内容、考试评定的相对自由是中职语文评价的特色，在评价中融入专业和职业的考量维度是中职语文评价的亮点。虽然随着高职高考被提到更重要的地位，其中的必考科目语文已经慢慢有了更明确的考试评价体系，但是这只是中职语文评价的其中一方面。中职语文评价的方法主要有形成性评价和终结性评价两种。形成性评价主要指课堂提问、随堂小测验、阅读短文和写作测试等；终结性评价主要指单元测试、阶段考试和毕业论文答辩等。同时，我们在日常教学中重视深入贯彻落实“全员、全程、全方位育人”要求，积极联通“教师”“学生”“专家”和“社会”，创新践行“三全育人”人才培养理念，引领课程内涵式发展。中职语文教学评价体系应坚持“发展性原则”，立足学生课前、课中、课后的

实际学习情况，综合依据诊断性评价、形成性评价、结果性评价和增值性评价，对学生的学习效果进行定性、定量分析。凭借信息化手段的辅助下实现全程实时采集、分析数据，重视学生自评、同伴互评、语文教师评级的有机结合，并引入专业教师评价、企业顾问评价和小程序等专业成果的社会认可等多维度评价，力求评价有温度、有广度、有深度，对学生进行全面评估的同时更对他们未来的学习有启发、有促进。

中职语文和普高语文既有区别也有联系。两者都是基于祖国优秀灿烂的语言文化的学习，根本区别在于学生的特点，这种差异是在其共同点上延伸而来的。中职语文课程的改革既要借鉴普通高中语文课程改革的成功经验，又要立足于职业教育的现实状况，突出职教特色，重视两者差异，开展有差异有侧重的教学模式，促进共同进步。

第十一篇　浅谈中职班主任班级管理工作中面临的问题及应对策略

摘要：学生管理工作是学校德育工作的重要内容，班主任作为最基层的德育管理者，扮演着十分重要的角色。面对中职学生这一特殊的教育群体，中职班主任只有把握高效的管理策略，探究更加适合学生的管理模式，才能有效地提高班级管理的效率和质量。鉴于此，本文将以深圳市福田区华强职业技术学校为例，对班主任管理工作中的现状以及应对策略进行探究。

关键词：中职班主任；班级管理；问题；策略

引　言

班主任是班集体的组织者、管理者和领导者，是沟通学校、家庭与社会的协调者，是联络学校各种教育因素的纽带。班主任的素养直接决定了学校德育工作水平，关系着学生的身心成长。班主任要扮演好这几种角色存在一定的难度，中职班主任有其特殊性，因为中职班主任面对的教育对象多数不愿意继续学习理论知识而选择职业技能学习，因此他们在学习兴趣、自主学习意识和自我管理能力方面相对较弱，并且学生之间的差异性较为明显。因此，在新时期背景下，面对中职学生的复杂性和特殊性，班主任要结合当前管理中存在的问题提出针对性解决措施，通过提升管理意识、强化习惯养成、严格落实制度、注重沟通艺术和用心关爱学生，来适应新时期中职学生的特点，把学生培养为适应现代社会发展和需要的新时代人才。

一、中职班主任班级管理工作中面临的问题

（一）学生方面

就学习习惯而言，经历中考的分流，进入职业院校的中职学生的基础相对薄弱，缺乏学习的积极性和主动性，学习兴趣不高，在学习上没有养成良好的习惯，因此出现学习中的懈怠现象。在行为规范上，中职学生的责任意识和自我控制能力相对较弱，容易出现违纪违规、任性冲动和自由散漫等行为。在心理上，中职学生处于人生发展的关键时期，自尊心较强，学生中存在因未能考上普高的失落心理，同时社会、外界对中职学校及学生仍存有偏见，从而出现中职学生情绪波动大、心理脆弱较敏感等心理现象。由于以上原因，中职学生学习生活较为被动，需要班主任多提醒、常监督，这就增加了班主任的管理强度和工作负担。

（二）教师方面

受传统德育观念的影响，很多中职班主任在开展管理工作的过程中，过于重视德育结果，对中职班主任工作职责、定位及其特殊性认识不足，管理意识较为薄弱，缺少对学生针对性的有效引导。同时，就目前班级管理实际情况来看，还存在管理制度不完善、评价考核缺乏科学性等现象，对中职学生行为规范中出现的反复性问题，缺少有效的举措和方法。此外部分班主任局限于单一的管理方式，批评指责多于共情关爱，不利于树立中职学生的自信心和自尊心，影响了平等、和谐的师生关系的建立，不利于学生身心健康发展。相反，部分年轻班主任与学生过于亲近，未能掌握师生之“度”，因此班级管理的有效性大打折扣，此类情况也值得注意。

（三）家长方面

部分中职学生的家长因为子女初中成绩较差、纪律散漫而选择中职学校，对学生已不再抱有希望，基本放弃了有效的家庭教育，采取放养的教

育方式。部分家长不配合、不重视、不理解，将子女的教育责任完全推给学校，从而增大了中职班主任的工作难度。只有家长充分认识家庭教育的重要性，将学校教育和家庭教育相结合，才能帮助班主任管理好班级，帮助学生往更好的方向健康发展。

二、中职班主任班级管理工作的应对策略

（一）提升管理意识

中职班主任肩负着中职学生人生导师的重要使命，但就现有发展状况而言，中职班主任专业化水平还不够高，固有思维模式和传统观念已无法适应新时代中职学生的管理需求，亟须提升班主任管理意识。首先要明确班主任工作职责，强化班主任的管理意识，树立积极、有效的管理观念，为后续管理工作的开展奠定良好基础。在具体班级管理实施中，班主任要主动加强管理理论学习，不断提升自身专业水平、综合素养，充分借鉴经验丰富的班主任的成功管理经验，结合班级学生特点和需求，对班级管理思路进行梳理、整合，形成完善可行、独具特色的管理模式，帮助学生养成良好的学习、生活习惯。

（二）强化习惯养成

我国教育家叶圣陶认为：教育就是培养习惯。习惯一旦养成，将对人产生不可估量的影响，良好的学习习惯和职业习惯让人受益终身。中职班主任必须注重学生良好学习习惯在班级管理中的重要意义，中职学生正处于由未成年人向成年人转变的关键时期，其学习态度和学习习惯还具有很强的可塑性，中职班主任作为学生这一重要成长阶段的人生导师，对培育学生养成良好的学习习惯，端正学习态度能够起到极为关键的作用。因此，中职班主任要积极关注学生个性化成长发展的实质需求，注重学生学习习惯和行为习惯养成教育，将加强学生日常管理与学生职业素养的培养

相结合，通过规范逐步培育中职学生的职业素养。

（三）严格落实制度

对中职学生而言，形成良好的品德习惯是一个渐进的过程，除了行为习惯的养成，还离不开班级全方位精细化、制度化的管理。古语有云："凡事预则立，不预则废。"对班级管理来说，班主任想要确保管理工作质量，就需要结合班级实际情况建立一套科学可行的管理制度，从而让学生的学习与行为都能够做到有章可循。班主任通过制度量化实现综合多角度管理，事半功倍解决日常管理中的班级问题，进而建立和谐团结的班集体。笔者结合自己学校的班级管理特点及学生情况梳理出"迟到旷课：记录详细，制度规范；仪容仪表：避免踩雷，清除雷区；劳动卫生：任务明确，分配到人；突发情况：冷静应对，寻求支持"的工作方针，制定精细化管理制度，将学生的纪律、劳动、学习以及学校的活动参与等日常行为进行细化打分，并作为一门德育科目进行考核，达到激励和警示的目的。关于制度的产生，笔者为了使班级管理与教育策略上升到班级集体意志层面，切实发挥了班委会的作用，通过班委会制定落实班级制度相关举措，让全体学生参与管理，同时进一步健全学生的自我管理机制，既能保证班级管理的有效性，又能体现学生参与管理的民主性。

（四）注重沟通艺术

中职学生处在心理发展的逆反阶段，这要求班主任在班级管理中不能一味地采用强制的方法来约束学生，因为这样只能激化矛盾，适得其反。由此，中职班主任要坚持以人为本，充分了解学生的心理状况和性格特点，通过加强师生间的交流沟通，实施科学的、具有针对性的管理策略，实现有效管理。班主任要掌握日常与学生的沟通方式，把控学生的学习动态，及时发现问题，及时帮助他们找到解决问题的方法。同时，中职班主任还要学会尊重学生，充分听取学生的想法和意见，与学生建立平等、有效的沟通交流模式。

结　语

综上所述，中职班主任工作是一门艺术，而班级管理是一个动态化的复杂过程，所以班主任工作任重而道远。本文主要对中职学校班主任工作现状进行了分析，同时结合笔者的工作实践提出应对策略。总之，在中职学校德育工作中，班主任工作占据着十分重要的地位，它不仅需要班主任自身要具备过硬的管理水平与综合素养，还需要班主任注重工作方式的灵活性，给予学生更多关爱，构建和谐良好的师生关系，只有这样才能最大限度地提升班主任管理水平，促进中职学校学生的全面健康发展，为国家培养和输送更多高素质、高水平的技能型人才。

参考文献

[1] 程爱兰. 浅议中职学校班主任工作艺术的重要性及若干心得 [J]. 中等职业教育，2009（6）：34-36.

[2] 朱珍珍. 中职班主任工作中的困境及对策 [J]. 科教文汇（中旬刊），2012（9）：16.

[3] 姚旭东. 新形势下中职学校学生管理工作中存在的问题及对策 [J]. 西部素质教育，2018，4（12）：110-111.

[4] 朱烨. 时代在进步——中职班主任管理工作中存在的问题及对策探究 [J]. 都市家教，2013（8）：125-126.

第十二篇　中高职专业衔接职业指导课程的开发与运用初探

——以华强职业技术学校“专业新认识，就业再出发”系列职业指导课程为例

摘要：当前，我国职业教育发展迅速，想要构建现代职业教育体系，增强职业教育支撑产业发展的能力，实现职业教育科学发展，中高职衔接是关键。因此要求中职学校在职业规划课程中加强对学生的指导，引导学生对目前的专业方向、就业环境有清晰明确的认识，并且能够发现自身在专业（就业）中的优势，从而将自身优势与专业需求结合在一起。本文通过分析目前中职生在专业认识中的不足，结合职业指导课程的特点，设计可行的课程开发案例，以提高中职生的就业竞争力，助力实现中高职专业衔接教育的有效达成。

关键词：中高职衔接；专业认识；职业指导课程

美国学者罗斯威尔（Rothwell）和思莱德（Serdl）认为，职业生涯是指与职业相关的一系列活动、行为、态度、价值观、愿望等的有机整体，而职业规划就是对职业生涯乃至人生进行持续的系统的计划过程。制订职业生涯规划，为学生终身发展奠基，对每个中职学生尤为重要，有了明确的规划才会有奋斗目标和方向，才能时刻检验自己的行动是否正确，才能为自己赢得精彩人生。

广东省中等职业学校德育研究与指导中心主任汪永智教授在《中职班主任工作艺术》一书中明确提出：“让学生了解专业的培养目标、学习内

容、就业领域和发展方向、职业发展前景，培养学生的职业兴趣，为学生职业生涯发展打下基础。”可见，职业学校职业生涯规划的教育内容必须涵盖对专业概况的认知。然而，很多中职学生迈入校园之初较少接触职业生涯教育，特别是对专业分类的相关知识了解甚少，对学校专业的概念也很模糊，在选择专业时也比较茫然，更谈不上对专业所对应的职业深入理解与认识了。经过中职三年的学习，在对所学专业有了全面的认识后，加上这期间更详细、更科学的职业生涯的学习和规划，很多学生对自己未来的职业生涯有了更准确的定位和更明晰的方向。

一、中职学校专业设置的背景

中等职业教育是高中阶段教育的重要组成部分，重点培养技能型人才，发挥基础性作用；中职学校为高技能人才的专业技能水平提高提供了坚实的操作技能基础。特别是近几年，国家提倡中职毕业生继续深造，由“基础宽”的技能型人才向“技能精”的工匠型人才升华，这就迫切需要教师做好中高职专业衔接的指导工作。

中职学校的专业设置有其本身的规律。例如，华强职业技术学校的信息技术和财经两大专业。同时，随着时代的需要，伴随着新兴经济业态的发展，出现更多新的符合当前社会发展、企业用人单位需要的实用型专业，这类专业通常是学校经过长时间调研准备，为契合市场需求而设立的，这种专业定位准确，符合中职教育层次的要求，就业容易，岗位竞争力强，更重要的是有利于学生今后的发展。例如，华强职业技术学校开设的电商专业就是网络经济下的新兴专业，同步开设的机器人专业是为满足AI快速发展对人才的新需求设立的。

二、开设中高职专业衔接职业指导课程的必要性

2021年，教育部印发《职业教育专业目录（2021年）》，共设置19个专业大类，97个专业类、1349个专业，其中中职专业358个，高职专科专业744个、高职本科专业247个。但是由于学校办学条件的限制，目前普通中职学校开设的专业大概在10～20个，不能完全满足高职学校专业广、技能精的需求，也不能完全满足为中职学生职业人生奠基的需要。一方面，学生可以选择中职学校对口的高职院校专业继续深造，把专业技能学得更精更尖；另一方面，也可以将中职所学专业知识作为技能基础，选择高职院校中新的更有兴趣、更有市场需求的专业，为将来更好的职业选择做准备。

虽然学生的专业选择和职业指导越来越受到教育主管部门的重视，也有越来越多的专业机构和研究团体为生涯教育提供了很好的借鉴与参考，但客观地说，专门针对中高职专业衔接的职业指导课程相对较少，能直接使用的资源和借鉴的案例有限。于是笔者思考通过系列活动课程让学生对中高职衔接的专业有更多了解和认识，通过线上资源与线下课堂的有机整合的方式，解决中职学校高考方向学生进入高职院校深造专业选择的问题和就业方向学生择业定位和职业选择的问题。

三、中高职专业衔接职业指导课程的开发

华强职业技术学校“专业新认识，就业再出发”系列课程共计四期，围绕学校现有专业进行大类别、小专业来展开。四期内容分别覆盖金融会计专业、信息技术专业、动漫艺术专业和商贸物流专业。笔者采用线上资源分享和线下课堂生成相结合的方式，拓展了课程的外延，提高课程效率，最大限度挖掘专业的吸引力。学生作为主体参与其中，既剖析自己中职所学专业，又通过生生分享了解更多其他专业，学生参与感强，课程收

效明显。系列课程的开发设计主要包括以下环节。

（一）课前筹备

华强职业技术学校实行高一、高二专业部管理与高三新编班级管理相结合的“2+1”学段管理模式，高三班级的学生所学内容基本涵盖了学校设置的所有专业类别，为方便课程准备，先将相同类别专业的学生分在同一小组，并推选一名组长，负责活动统筹安排。课程准备主要包括资料收集、课件制作和视频录制等前期工作。资料收集除常见在网络搜集资料外，还结合了学校相关专业课教师对于自己所教授专业学科的认识与理解，结合本专业在中高职的不同培养目标阐释专业的内涵和职业素养的外延。采用视频录制和课件制作的形式，方便在线下课堂直观呈现。组员在组长的统筹下各有分工，参与的过程不仅仅是对所学专业知识的总结，也能培养团队协作能力。

（二）课堂展示

课堂展示的形式没有严格限制，但是内容主要分为四个板块：专业定义、课程及相关证书介绍、职业素养和就业方向。

（1）专业定义：用学术语言对专业进行介绍，让学生对专业有初步的认识。

（2）课程及相关证书介绍：以华强职业技术学校中职学段开设的专业为主，介绍开设的主要专业课，以及考取专业证书的情况，侧重了解学生对专业学习的真实体会。

（3）职业素养：深入理解专业，全面把握专业发展的方向，主要采取视频教学和学生分享交流，展示不同专业课程的教师对自己所教授科目专业素养的见解，力求客观、全面。

（4）就业方向：在专业课认知的基础上，结合深圳特区信息、金融、动漫和物流的城市业态特点，梳理各专业的就业方向，让学生理解专业的培养方向，明确职业选择。

课堂上主要采用学生主持、统筹课堂的形式，精心挑选综合素质较高或者分享意愿强烈的学生担任主持。四次活动下来，主讲学生都能做到从容淡定，侃侃而谈，既有专业介绍的客观分析，又能结合自己所学的真实感受，通俗易懂，真实有说服力。而在整个备课和上课过程中，学生之间的相互配合，团队协作，以及走上讲台的自信，都是收获满满的成长。

（三）课后延伸

引入职业生涯规划的理念，让学生在课后记录活动课上对专业的认识与感受，加深对本专业的深刻理解，并落实到具体的行动上，制订切实可行的职业规划，并以此规划为出发点，按规划步骤进行积极的行动，开启自己的专业思考和职业追求。

四、华强职校职业指导系列课程的特点

线上资源和线下课堂相结合是华强职校“专业新认识，就业再出发”系列课程的主要特点。系列课程教学资源包括网络资源包、学校教师录制的专业介绍和专业能力需求的视频，同时结合学生学习后的真实体会，让学生对专业的认识更直观、更立体。线下课堂则主要由学生自主开展，创设“生本课堂”，结合课前整理的教学资源组织课堂，让不同专业的课程各具特色，如金融会计专业现场演示账本的制作过程、动漫艺术专业展示学生素描绘画等作品、信息技术专业课上用视频录制了设计卡通形象的全过程，以及商贸物流专业课上分享了现代物流配送的完整环节等，既体现了学校专业特色，也展示了该专业未来的走向和就业方向。我们着力于对专业“新”的认识，在全新、全面认识的基础上，更好规划自己的高职专业选择以及未来人生的职业选择，为学生的幸福职业人生奠基。

参考文献

[1] 汤丽璇. 在中职专业课程融入职业生涯教育的探索 [J]. 广东教育（职教版），2019.

[2] 叶茂林. 助力中职学生科学规划职业生涯的实践探索 [J]. 中国教育学刊，2020.

第十三篇　教育激扬生命，教育走向生本

摘要：“生本教育”是郭思乐教授创立的一种教育思想和教学方式。生本教育是以“一切为了学生，高度尊重学生，全面依靠学生”为宗旨的教育。是真正做到以学生为学习的主人，为学生好学而设计的教育。生本教育认为，教育的本质是实现生命的提升，而生命的提升从根本上来说，最终还是要依靠生命自身的力量。所以生本教育强调学生是教育的真正主体。生本教育作为现代教育思想，关注和弘扬的理念：人具有发展的无限可能性，教育应充分发挥人的潜能；人具有学习的天性，教育的功能在于顺应人的天性；人具有发展的需要，人渴望实现自己的价值；尊重、信任、依靠学生，是教育成功的秘诀。以这种理念为指导，在国内的100多所中小学、职业中学和幼儿园等教学场所进行实验，成效显著，获得了意义深远的理论与实践成果。

在教学过程中，应始终秉持一切为了学生的理念，给予学生充分的尊重，并全面依靠学生的力量来推动教学开展与学生成长。

作为中职教育系统“生本教育”课题的参与者与实践者，在践行“生本教育”的路上，研究教学理论，吸收教学经验，激荡教学火光。在课堂中突出以学生为主体，把课堂交还给学生，引导学生自主探究，主动学习，合作交流。改革传统的教学模式，使学生从“要我学”变成“我要学”，从被动的接受者变成主动的获取者。

关键词：生本；课堂教学；准备；操作；反思

一、生本前的准备阶段

生本前的准备阶段主要是根据班级性质、专业性质以及学生的层次进行教学前计划。包括内容选择、分组以及和学生的前期交流。

（一）不同质学生对应不同分组方法

小组讨论是“生本”教育的一个核心方法，是激发学生参与学习的基础。对不同水平的班级必须实施不同的分组方法。就中职学校学生学习能力与水平而言，例如金融班与联办班就存在较大差别，所以可以把分组确定为自然分组法、就近分组法与搭配分组法三种类型。三种分组类型并非独立，有时同为互补，交叉运用。

（二）教师思想的转变和自己角色的适应

首先，教师理念的转型，由最初的“我要教给他们什么”转变为“他们想要知道什么”，这就要求教师在备课之初对整个教学有基本的方向掌握，了解学生的需要。当课堂不再是教师主观地强调知识，而变成学生对感兴趣的知识进行讨论时，学生学习的主动性就得到了极大的调动。其次，教师的转型还体现在角色的变化，教师不再是讲故事、讲知识、讲道理的教导者，更多时候是一个倾听者、引导者。课堂上教师会相对显得轻松，但是课前的准备工作增加很多倍，必须能全局地掌握知识，方可在课堂游刃有余，教师的工作更多体现在课堂前，而在课堂中由多说变为多听。

（三）多与学生进行课堂前期交流

主要是找部分学生了解对将要学习内容的意见和看法。所寻找的学生要具有各层次的代表性，了解学生学习的困难，针对学生的意见和想法，制定切合知识教授和学生参与的最佳教学方法。

二、生本过程中的具体操作和不断更新

生本的具体过程主要包括前置作业的布置、课堂小组的讨论、课后知识的沉积以及最后的评价体系。

（一）生本最基本的模式是课前学生充分的准备，或预习或复习

课堂是知识的升华阶段。这就要求学生课前有充分的准备。要想学生能自觉自愿又力所能及地准备，前置作业的设置就一定要合理、科学。设置前置作业的原则是简单，简单到每个学生都有话可以讲，可以根据自己的情况准备。如果问题设置较难，势必会把一部分学生挡在兴趣外，以笔者的生本公开课为例，《热爱生命》是法国作家米歇尔·德·蒙田（Michel de Montaigne）的一篇短小的散文，由于涉及生命话题，十几岁的孩子对生命的理解还很表面、很肤浅，再加上又是外国翻译作品，课文理解相对陌生。所以在准备这节课之初，笔者的基本出发点是希望学生可以通过作者的引导，谈出自己内心对生命的理解。于是，笔者在课前设置了三个前置问题：第一，作者蒙田对生命的理解和态度，这样可以让学生忠实文本地阅读和学习；第二，你对生命的理解和态度，将作者的观点引申出来，让学生谈自己的生命感受；第三，谈到生命，热爱生命，又应如何面对死亡。就是这三个简单的问题，既贴切于课本，可以基本实现课文的基本教学目标，又可以让学生更深入体会人生；另外，考虑学生的梯度问题可以适当考虑设置梯度问题，以便于层次较高的学生进一步拓展知识面，丰富自己。

（二）课堂小组的讨论

小组讨论是生本的核心，是学生课前准备能否在课堂得到最大限度的升华的决定因素。

小组讨论的一般程序是小组同学先在组内交流意见，然后再由代表发言，这样既有小组内部的相互学习，发现问题，又有全班学生意见的汇

集，具有很大的知识量。但是如果课堂一直是这样简单的模式，学生习惯后就不再有新鲜感，课堂容易陷入流程化，为了避免这样的问题，适当的时候我们可以考虑在学习方法上加一些调剂。还以《热爱生命》这堂课为例，在小组讨论这个环节，为了更大程度启发大家的想象力和语言表达能力，在课堂设置了一个特殊环节，给每个小组发了一张白纸，要求学生用笔描绘出自己心目中对生命的理解，既可以小组成员自己完成，然后和大家分享，也可以小组同学一起来完成一个内容。这样，学生的积极性将得到极大提高，课堂非常活跃，在活跃的讨论中得到非常好的讨论效果。于是生命在学生的笔下是每天升起的太阳，照耀彼此；是逗号和句号，生命的每个阶段只是生命的一个个逗号，面对困难也要坚强，因为生命还有无数的逗号等着我们去完善；甚至还有学生认为生命其实应该是打不死的“小强”。丰富的想象力和超强的语言组织能力超过笔者的想象，学生表现非常精彩。

（三）评价体系能激发学生的积极性，具有针对性

评价体系主要分为小组得分和个人加分。小组得分就是整个小组在最近一段时间的表现，主要包括课前预习情况、课堂课间发言情况、自由发言以及作业完成情况、这一单元主要考查的课文背诵情况等。所有这些的综合就是这一小组的得分，每个人都一样。这样，好的学生就不能只自己好，因为小组成绩是所有人的平均，就会想办法主动去帮助差的学生，组长也会去督促，而平时学习习惯较差的学生，碍于情面，也不好意思拖大家后腿，也会自己有意识地努力。对课堂积极回答问题的学生，整个小组都加分，而回答较少的，下次背课文就专门找他们，大家都不想被抽背课文，所以组长就会号召大家回答问题，慢慢地，大家都会积极发言。回答问题就由被动变为主动，课堂就开始活跃。默写成绩也是以小组为单位，计算这个小组平均错了几个，错得最多的小组也会被抽出来背课文，这样

默写错了很多的学生，就会很有罪恶感，大家也会数落其几句，等到下次，这名学生一定是最努力的。慢慢地学生心里就会形成这样的认识：我千万不要成为拖累别人的人啊。学生都会为小组出力。在满足小组积分的情况下，对表现特别突出的个人也应该给予鼓励，主要就是课堂活跃、回答问题多的学生，每周会根据大家的意见，评选出本周回答问题最多的五个学生进行加分。不断激励大家。这样，在不断的鼓励中学生才有积极性，也更踊跃参与课堂，效果较好。

（四）课堂知识的沉积

由于课前准备充分，课堂上学生积极性很高，讨论也很激烈，但是学生有没有真正将内容消化或者留下更深刻的知识沉淀，这就需要课后的补充和完善。比较好的方法是可以让学生课后写课后感，例如，在讲解《热爱生命》这节课时，让学生讨论关于生命的话题，虽然每个学生每个小组都会有很好的准备和精彩的发言，但是毕竟时间有限，所以课后布置的作业就是让学生以“生命的感悟”为题写一篇短小的作文，然后进行交流学习。这样，在学生有深刻感受的基础上再写作文，学生就会有话说，而不会空话、废话连篇，对学生养成良好的作文习惯有很大帮助，进步明显。然后再将大家的作文进行小组讨论和交流，有很好的反馈，产生良性循环。

三、生本实施以后的感想和反思

生本课的开展使笔者的课堂有了很大的变化，原本沉闷的课堂变成了热烈的讨论甚至激烈的争论，学生的学习效率也大幅度提高，对语文的兴趣也增加很多。在新的学期之初，回望三个月的生本体验，还有一些问题值得思考和继续改进。

（一）不同性质的内容也应该采取不同的方法

散文和古文就必须采用不同的方法。散文属于学生可以理解的简单文章，教师只需要简单的点评即可；古文是知识性非常强的文章，学生很多时候把握不住要点或者根本讲不清楚，这样的情况下需要教师灵活采用合适的方法。例如，教师应该先将文章意思简单梳理，这个过程也可以教师先示范，学生自学、模仿。教师先给大家讲第一段，告诉大家讲的方法，然后让大家利用十分钟自学下面几段，然后小组讨论找代表来讲，这样大家既可以学到东西又很活跃。在知识梳理完以后，留一节课给大家做讨论总结课，梳理需要掌握的古文知识。这节课前需要学生收集资料，巩固课堂，拓展知识面，学生相互交流，相互学习。

（二）注意接受学生意见

在实施过程中遇到了很多之前没有想到的问题，但是每个问题都可以得到比较好的解决，教师自己思考的同时，还应该更多更广泛地听取学生的意见。因为学生之间比较了解，他们更知道如何把学习习惯较差的学生调动起来，这样在结合了各方面意见后，就能有比较适合学生发展的好思路。

总体来讲，生本的体验过程和效果都远比想象的要好，特别是学生积极性的调动、学生能力的展示，远远超出了想象，应该说这些学生给了笔者很多惊喜，改变了笔者之前的对高中语文特别是中职语文教学的认识，体会到了教学的乐趣，看到了学生的成长。但是正如很多教师讲的那样，我们不必拘泥于某种固定的格式，只要生本的理念贯穿其中，具体的形式和方法都有待教师自己去开拓。之所以现在有教师觉得生本教学还太模式化或者太形式化，主要原因是我们才刚起步，我们还不知道怎么做，我们需要模仿别人，但是当我们真正实行后，就会发现，针对很多问题，可以总结出自己的一套方式，可以从模式走向创新，走向自由。

"快乐的感受是人更好学习的情感基础。快乐的日子使人聪明，使人产生心理的兴奋和生理的活跃。在兴奋中，他会获得最高的学习效率和最好的学习效果。"正如斯言，生本课堂主张教师不给学生过多的干预，而是给他们在学习上尽可能多的自主。教师要尊重学生的独立意识，保证他们有独立的活动空间、人格空间和学习空间；同时创设情景，引发学生自我意识的产生，并不断强化。在生本课堂中，不是"教"决定"学"，而是"教"引导"学"，为"学"服务。生本是为了培养学生的基本素养与能力，需要第一线的教师用自己的实践、开拓来更好地反哺我们教育的本身，让教育激扬生命，让教育走向生本。

附：生本教学课例

让生命绽放最绚丽的花朵
——《热爱生命》生本教学案例

案例背景：2008年5月12日，汶川发生了震惊世界的大地震，而《热爱生命》这堂课就在地震后不久开讲，在这样一个特殊的时刻，所有人慢慢从巨大的悲痛中苏醒过来，开始思考人生。这样的一节课无疑是有意义的，所以在课堂设计之初，笔者就想让学生结合自己和身边的事情去思考、去谈感受，真实地体会人生的各种滋味。

根据教学的内容，在结合生本的教育理念基础上，希望能通过课前和课堂中的引导，使学生真正成为学习的主人，去感悟生命的真谛。

案例描述：

首先简单阐释课堂的教学环节设计，课堂分为三个基本环节。

第一，解读课文，忠实文本。理解作者自己对生命的认识，主要方式是学生朗读课文，然后小组讨论、归纳。作者在陈述自己的观点前先引入了哲人和糊涂人对生命的认识，在批判他们认识的基础上得出自己的结论。让学生在理解作者观点的基础上谈谈自己对此的认识，慢慢引导学生思考人生、生命等概念，进入文章。

第二，在忠实课文、了解作者观点的基础上，开始引导学生讨论自己对生命的认识和对待生命的态度，这既是本文的重点，也是本节课的主题。因为在地震这样大的社会背景下，人们面对灾害时会感到无助，也开始思考活着的意义，所以能让学生积极地认识生命，进而珍惜生命是本节课的重点。为了避免空洞的讨论，让学生先自己思考，然后小组同学分享，最后和大家分享。笔者给学生提供了辅助思考的媒介，希望学生可以通过手中的笔描绘出自己对生命的认识。由于话题贴切，学生有很多想法，通过讨论然后和大家分享，也使笔者能够在课堂上突发灵感，和学生一起联动。这里引用一些我与学生之间的对话交流。

学生一：我们的人生就像太阳一样，从早上就已经有了光亮，但是并不是那么热。到了中午就变得炽热起来，就像青少年一样，非常有活力，积极向上。到了老年的时候，就像太阳下山，虽然西沉但还是有余光可以照耀大地。

教师逐渐引导：他们画的是我们生命的每个阶段，最开始的时候有一点点光亮，慢慢地，到了中午，即人们的中年时期，太阳应该是什么样子？

生齐答：炽热。

教师进一步引导：好像青少年一样，生命充满了光亮，最后太阳下山了，像老年时期一样。我们既然知道了生命是这样轮回的，老年总是会出现的，那我们对待生命的态度应该是怎样的？

生回答：我们要珍惜生命。

搭档补充：下面这条不是地平线，（指着自己画的图）是一条燃烧的线。生命燃烧后就不能再来过，就像海特说的“生命不可能有两次，但是有些人连一次也没珍惜”。

教师总结：所以你们觉得生命有限，应该珍惜生命。好，谢谢你们。

学生二：我画的是扑克牌。

教师开玩笑地说：哦，是一副扑克牌，这是个“赌徒”。（生笑）

学生二：我展示的扑克牌不是用来赌博的，是用来讲述道理的，也就是说我们的生命就像在玩扑克牌，即使一开始拿到的牌不好，想赢就要看自己怎么玩，通过自己的努力，可以改变自己的命运。这就是我对生命的看法。现在有很多人埋怨自己的出身，他们认为有些人是含着金钥匙出生的，这样他对自己的生命就有点厌弃。但是大家有没有听过这样一个故事——铺路石和钻石的故事，铺路石建在我们的地上，每天被踩踏着，而钻石被用于装饰，挂在别人的胸前，但是说到真正的作用，我想很多人会真实感受到被我们踏实踩在地上的铺路石，铺路石象征着一个比较低微的生命，但是它并不是没有用，我觉得所有的生命都有自己的价值，只是在于你怎样去看待而已。

我们组还认为，生命是一条小溪，一条河流，奔向大海，勇往直前，从来不会停止脚步。每个人的生命都只有一次，什么时候会奔向大海、什么时候消逝，我们并不知道，但是我们在这条河流中经过了沿途的风景，我们可以看到大山，可以看到绿树、草原，你只要去享受生命沿途的风景就已经足够了。

教师借机总结：终点不一定什么时候出现，但是沿途的风景、生命经历的每个片段，只要我们细细去体会，生命就是非常有意义的，谢谢。我想如果我们每个同学都用非常专注的眼光去欣赏生命中的每个瞬间，就不会错过沿途的风景。男同学刚才讲的都是有大将之风的，那我们看看女同学又有什么细腻的感触呢？

学生三：这幅图是我最近在网上看到的，就是在地震中一个母亲保护孩子的画面，儿子身边还有一个手机，写着“亲爱的，如果你还活着，请记得我爱你”。看到这幅图片，我们可以联想到地震中的事情，也可以看到生命是多么脆弱，人是多么渺小，一个生命的诞生，得之极为不易，但是要失去又是多么简单，所以现在请用我们所有的时间去热爱生命，做自己有可能做到的事情。

另外，我们也可以把人生诠释为“蜡烛”，蜡烛有被点燃的时候，也有被熄灭的时候。当蜡烛点燃的时候就是生命的开始，熄灭的时候也就是生命的结束。但是在过程中蜡烛能释放多大的热量、多大的光芒，那就要看蜡烛的本身，所以人生一定要释放好自己的能量，不能浪费。

教师马上总结：看来我们应该在生命有限的时间里去做我们可以做到的事情，这样的话人生才没有遗憾，就像蜡烛一样。蜡烛总有熄灭的时候，但是在燃烧的过程中释放光亮是我们可以主宰的。

学生通过形象的讨论逐步对生命、人生有了自己的思考，虽然各不相同，恰好代表了生命的多样、多姿多彩。学生开始思考人生，开始懂得珍爱生命。同时，让学生展开另外一个问题的讨论：既然生命如此宝贵，我们又该如何面对死亡？学生开始思考关于生死的话题，继续深入讨论，踊跃发言。以下再次撷取其中精彩的发言。

教师关于下一个问题的开场：刚才我觉得大家对生命的理解谈得很多，也很深刻。我想这节课后还会有很多同学会去思考究竟生命是什么，很多同学也已经讲到了我们对待生命的态度应该是热爱它、珍爱它。那么在面对如此宝贵生命的时候，我们又该怎么去面对死亡呢？这是我们需要另外去面对的一个问题：生命如此宝贵，又如何面对死亡？在这次地震中，大家通过新闻也会了解到，第一批降落到汶川的伞兵他们写下了请愿书或者说是遗书，才跳下机舱，还有一部分志愿者他们的手臂上写满了家里的电话，大家想想他们写电话的原因是什么？如果说他有一天遇到危难或者说真的遇难了，他希望可以联系到他的家人，告知发生的事情，所以我们可以想象这样一些人在奔赴前线的时候已经做好了牺牲的准备，他们做好了牺牲的准备难道就不是热爱生命吗？这个问题我们应该怎样去理解，请大家想一想。

学生一：书上说了，蒙田认为生之本质在于死，只有乐于生的人才能真正感觉不到死之苦恼。

教师：也就是这些人没有感觉到苦恼，因为他们乐于生。这个怎么解释呢？

学生二：在地震时，解放军这样可爱的人把生命置之度外，把自己的生命献出来去救那些在地震中陷于困顿中的人们。

教师：他们献出生命是为了救更多的人，他们放弃了自己的生命，想要呵护更多的生命，这个时候他们已经由爱护自己的生命变成了爱护所有需要帮助的人，所以我们可以认为这个时候他们对生命的态度是将热爱小我变成热爱更多人的生命。他们在做有意义的事情。

学生三：热爱生命不是对未来的空想，而是对现在生活积极的态度。

教师：嗯，要有意义地生活着，才不会惧怕死亡。

学生四：有一句话说“春蚕到死丝方尽，蜡炬成灰泪始干”。我觉得生的本身就是在于奉献，就像刚才讲到的志愿者请求到四川去救灾的时候他们做好了面对死亡的准备，他们觉得人在这个社会上就不是以个体存在的，每个生命都是相依相伴的，都要互相奉献，在奉献的同时要学会享受生命，就是让生命过得有价值，何必去在乎死亡的到来呢？

教师：他觉得生命的本质就在于奉献，如果生命过得有价值的话我们就不会惧怕死亡。

学生五：我认为生命的本质是死亡，作者随时准备面临死亡，毫不惋惜。我很认同这句话，因为就好像对癌症患者来说，生命太过残酷，但没有办法，所以即使这样他们也需要以更积极的态度去面对并享受过程。努力完成自己的心愿，开心面对生死。

教师：哦，完成自己的心愿，当他完成自己的心愿就没有遗憾，没有遗憾的生活就可以坦然地面对死亡。

学生四：我想说的是生命的本质是在于享受。记得高一的时候，经济学的老师也告诉我们人生在于享受，要用享受的眼光去看待生活，而不是痛苦地活着，一个人能达到自己的要求，也就是满足自己的现状，而不是去抱怨什么的话，就会觉得巨大的满足，这已经足够了，所以死对他来说已经没有意义了。

学生五：其实我觉得死亡可以更体现生的价值，因为如果没有遇到生活的困境，很少有人会注意到身边的人，只有当人感受到死亡离自己如此近的时候才更会懂得珍惜，生命的句号是永远存在的，之前的生活片段其实是一个个的逗号，当懂得句号出现的必然性，人就会更加珍惜生活。

教师：生命总是要走向那个句号，所以才更珍惜生活的美好。很勇敢的人。

学生六：我想我们只有献出了生命才能真正回报生命，就像那些在地震中勇敢地去救助别人的勇士，可能他们会遇到危险甚至献出自己的生命，但是因为他自己知道自己做的是一件有意义的事情，他用自己的生命去换更多人的生命，所以即使他死了，他的生命也还是存在的。

教师：嗯，也就是说把自己的爱心转移到了其他人的身上。

课堂最后在大家坚定的信念中结束。教师选择了《钢铁是怎样炼成的》里关于生命的格言作为相互勉励的话作为课堂的结束："人最宝贵的东西是生命，生命属于人只有一次，人的一生应该是这样度过的，当他回首往事的时候，他不会因为虚度年华而悔恨，也不会因为碌碌无为而羞愧……"

案例分析：《热爱生命》这堂课应该是当时大背景下需要的一堂关于生命意义探讨的课程。整体感觉完成了教学目标，并且收到了良好的效果，学生精彩的发言对其他学生和教师来说都是一个很好的鼓励，语言教学注重的"听、说、读、写"都得以很好地落实。而生本教育倡导的小组合作、小组讨论、以学生为本的思路也很好地得以践行，结合笔者一年多以来的生本探索和本堂课的一些感悟，做以下几点总结。

（1）作业的合理布置，是课堂能顺利成功的前提。普通教学一般是将作业作为课堂的最后环节进行总结和复习，而在生本课堂上要求既有课后的总结作业，也有针对新课文的前置作业。前置作业的成功与否直接影响着课堂讨论的效果的好坏。例如，在本节课前，笔者给学生布置的作业是思考文中作者对生命的态度和自己的认识，因为学生课前已有思考，课堂的讨论才能顺利进行，关于前置作业的布置需要注意两点：首先，前置作业的难易程度要恰当，尽量从简单入手，这样才能激励学生最大的参与感；其次，前置作业的设置不应该是孤立的，而应该是和课堂的环节、内容紧密相关的，这样的作业既是有意义的，同时又能促进课堂讨论的良好展开。

（2）课堂充分的交流时间，是讨论顺利进行的保障。生本课堂要求学生积极参与讨论，以学生为根本，这样的课堂环节不宜过多。因为生本课的重点不是教师讲，而是学生参与，学会了多少，所以需要让学生自己思考讨论的地方就非常多，如果环节过多，往往会流于形式，反而不能有所收获。本节课笔者只设计了三个环节。第一是忠实文本，对文本进行解读，得出作者对生命的认识，并在此基础上展开第二个话题——我们自己对生命的认识和态度，在大家激烈地得出应该热爱生活、珍爱生命的结论的前提下，引导学生继续深入探究生与死的问题，三个环节都很简单，环环相扣，层层深入，逐渐深入理解。由于环节较少，有足够的时间保证小组讨论的效果。

（3）生本最基本的形式是以小组学习为单位，小组探讨、解决问题的能力能否有切实的提高，是生本课堂能否真正实现学生为本的核心。本节课的重点是第二环节谈自己对生命的认识，学生将课前思考的结果进行交流，小组整合，得到一些既代表个性又具有共性的认识，并且在相互交流中注意言语的表达，所以我们可以看到所有上台发言的学生在发言时，俨然是在进行自己关于生命的演讲，语言优美、流畅，其间还夹以名人警句和用以说理的小故事，可见学生的各项能力都有明显提高，较之前没有人愿意回答问题、站起来无话可说的现象可以说是天壤之别。

（4）教师角色和任务的改变，是课堂得以成功的催化剂。如果这堂课是一堂成功的课的话，可能出彩的并不是教师，而是热烈讨论并精彩发言的学生。在这堂课上，教师主要的精力和时间放在课前，课前对课堂环节的安排，对前置作业的设置。在课堂上教师更多的是一个倾听者，适当时候加以点评，做课堂的前后串联而已。这样教师在课堂上就再也不用絮叨个没完，而学生也不用被动地等待教师灌输各种人生的大道理。学生开始思考，有了自己的认识观，真正成为学习的主人。

（5）将课堂的讨论延伸到课后，是生本课堂的升华。可以继续采用讨论的方式，也可以让学生将思想变成文字，以供大家交流学习。课堂热烈地讨论、冷峻地思考，再加以文字的沉淀，将更能激发学生深入地思考，本节课布置的作业就是将课堂的讨论写成随笔，以便继续交流，这样就有个完整的学习过程，让学生收获更多。

“欣喜”这个词应该是这节课后笔者最大的感受，中职二年级的学生，能有如此缜密的思考、优美的语言、丰富的想象，可能是之前所不敢奢望的。学生只有在获得最大自由和鼓励的前提下，才会迸射出如此灿烂的火花。学生认为生命可能是打不死的小强，可能是一天起又落的太阳，也可能是手中握着的一副扑克，不管命运如何，都必须有热爱生命的勇气。而面对生与死这样沉重的话题时，学生又觉得生命的本质就在于享受，在于奉献，在于让人没有遗憾……多好的语言，多积极向上的青年，所以在课堂结束时，学生以斩钉截铁的声音回答他们可以热爱生命的时候，看着他们年轻但是坚毅的表情，笔者不仅思忖，或许这已然达成了教学的初衷。

参考文献

[1] 郭思乐. 教育走向生本[M]. 北京：人民教育出版社，2001.

[2] 郭思乐. 教育激扬生命——再论教育走向生本[M]. 人民教育出版社，2007.

[3] 郭思乐. 谛听教育的春天——郭思乐生本教育思想随笔[M]. 合肥：安徽教育出版社，2008.

[4] 魏宁. 一项关于教师反思的研究[J]. 教育科学研究，2005（9）.

第十四篇　创设家校沟通条件，缓解亲子矛盾

摘要：教师和家长是学生成长过程中最重要的教育者。创设条件的沟通让家长放下戒备，愿意主动与教师配合，并借助教师的专业指导，家校沟通无阻，缓解亲子矛盾，真正形成教育合力，助力学生成长。

关键词：家校沟通；创设条件；育人

著名教育家苏霍姆林斯基有句名言：“没有家庭教育的学校教育和没有学校教育的家庭教育都不可能完成培养人这样一个极其细微的任务。”教师和家长是学生成长过程中最重要的教育者，他们的作用不可替代，缺失一方，都不利于孩子的健康成长。如何消除隔膜、达成共识、共同形成家校合力？学校和家长有效沟通是重要突破口。

2022年1月1日开始施行的《中华人民共和国家庭教育促进法》是我国首部家庭教育立法，明确指出“家长是第一任老师的责任意识，承担对未成年人实施家庭教育的主体责任，用正确思想、方法和行为教育未成年人养成良好思想、品行和习惯”。但是现实中由于学生家长缺乏专业的教育学背景，他们对孩子的教育还停留在继承上一代的教育经验上，有的甚至仍然还没真正意识到自己就是教育者。面对现状，学校要有效补充家庭教育资源，形成家庭和学校的教育合力，家长要借助教师提供的适当建议，担负起教育者的职责，配合学校开展教育，用心为孩子营造良好的成长环境，从而实现与学校教育的一致性，成为最好的教育同盟军。

2022年5月，深圳开始复课，家长们激动万分，学生摆脱网课来到学校。笔者却在班级发现一个女孩和其他学生不太一样，复课后她上课总是

睡觉，做事没精打采，黑眼圈很重，她怎么了？

笔者从任课老师和周围的同学着手，打听到的结果和看到的一样，状态不好，情绪不振。于是笔者开始了守株待兔，等待一个更自然的机会，想和她谈谈。机会终于出现在她到办公室找老师问问题的时候，笔者顺势把她留了下来。“子涵，现在忙吗？不忙的话坐下来和老师聊聊？”“好的，老师。”于是开始有了和子涵宝贵的交流，并由此揭开了现象背后的故事。

“子涵，你最近是不是有什么事呢？”没等话说完，小姑娘的眼泪簌簌地掉了下来。“老师，您也发现了啊？我最近确实不太好，我觉得我快疯了，我居然会控制不住扯我的头发，老师您知道吗，我很爱惜我的头发，我也不知道我怎么了？”一边哭一边慢慢地讲述最近发生的事情。原来，子涵的爸爸从事餐饮行业，因为疫情，经营惨淡，这对一个担负着整个家庭重任的爸爸来说，压力太大，所以情绪时常不稳定，对家里淘气的弟弟总是非打即骂。“老师，您知道吗，我经常回家看到的是爸爸一边骂一边打我弟弟，弟弟一边哭一边喊。老师，我也好害怕。”“不会的，子涵，弟弟小，也正是淘气的年龄，做错了事情爸爸难免生气，但是你很听话，也长大了，爸爸肯定不会这么对你的。”“不是的老师，我姐姐像我这么大的时候也总是挨打。”原来孩子的失眠源于安全感的缺失，源于情绪不稳定的父亲。

看着眼前这个可怜的孩子，笔者想帮帮她。沟通是解决矛盾和问题的最好途径，但大多数家长无法走进孩子的内心世界。处于青春期的孩子大多也不愿意和家长交流，有心事宁愿向同学倾诉，有麻烦宁愿请教老师。此时就更需要有人做孩子和家长的中间人，而教师则是最佳人选。助力学生和家长沟通，笔者想成为这个中间人。“你爸爸这样肯定是不对的，那这样，老师请他到学校来和他好好谈谈。”“不行的，老师。”女孩立刻拒绝，原来在她初三的时候也有过类似的经历，教师把家长请到学校，家长觉得家丑外扬，回家后不仅没有改善反而对子涵一顿训斥，亲子关系愈发紧张。那该怎么办呢？不能不沟通，又该如何沟通？安抚好孩子的情绪，承诺不会直接联系家长，让她回家好好休息。该学生的成长问题使已经当了十五年班主任的笔者辗转反侧，夜不能寐。

经过一晚上的认真分析，笔者想好了初步解决的方法。第二天一大早把想法告诉了子涵，子涵没有明确答复，但是看表情已经慢慢接受意见，再三说明后，她最后终于点头答应："好的，老师，我相信您，也谢谢您。"

笔者首先在家长微信群发了这样一段文字："尊敬的家长，你们好，由于疫情，快一年的高中学习都还没有和家长见个面，沟通一下孩子在校的情况，家长会也都是线上进行，总感觉少了些什么。最近疫情好转，我想趁这个时间邀请家长到学校见个面，聊一下孩子的情况。我会按照小组安排，然后私信家长确定到校交流时间，每位家长大概三十分钟。谢谢大家的配合。"消息一出，家长纷纷在群里回复"收到""可以""谢谢老师"。于是一个全班面谈的氛围已经预设完毕，接下来就是私信的阶段。笔者单独发信息给子涵的爸爸，在他毫无防备的情况下约好了第二天上午十点见面，末了还补充了一句："子涵爸爸，请您准时十点到校，因为后面还安排了其他家长。"

第二天子涵爸爸准时赴约。"子涵爸爸您好，为了尊重孩子的意愿，我一般都是邀请妈妈到校，毕竟大多数时候妈妈与孩子的沟通可能更顺畅一些。为什么请您到学校呢，因为孩子在家里最喜欢您（实际是孩子最怕他），更何况女孩子的安全感都来自最亲近的父亲。"这样的开场白着实让子涵爸爸轻松了不少，表情也舒展了。体会到被信任的小欢喜，后面的沟通就顺利多了。笔者先把孩子在学校的情况和家长做了简单介绍，着力聚焦于孩子的优点：大方正直，性格温和，专业课优异，得到大家的喜欢。孩子的爸爸越听越欢喜，然后引导家长留意最近孩子的状态，睡不好觉，黑眼圈很重，以及爸爸应当如何做好孩子情绪疏导工作，关注孩子身心健康发展的重要性。交流整整花费了一个小时，与子涵的爸爸交流顺畅，最后他很是感激。末了，爸爸补充道，其实子涵在家确实也表现不错，就是每次检查作业的时候都看到她字写得不好，让她买字帖不买，总买些乱七八糟的东西，让人头疼。

晚上子涵给笔者打了电话，“老师，您究竟给我爸爸说了什么？”“你爸爸又批评你了？”“不是不是，我爸爸像变了一个人，关心得我都不知所措了，老师，真的谢谢你。”……

晚上笔者又在网上买了一本字帖送给子涵。在给她的时候，子涵感到特别不好意思，“没事的，老师给自己家里的弟弟妹妹买字帖顺便给你买了一本，你的字确实需要练一下，长得这么漂亮，字写得确实不算好，也算老师送给你的小礼物，字如其人。”中午，子涵爸爸就打来了电话，对笔者千恩万谢。作为班主任，能这样努力架起亲子沟通的桥梁，也是最温暖的时刻。

后来，笔者在班级群里又发了一条短信：“家长朋友们大家好，由于疫情反复，学校要求老师两点一线，减少疫情传播风险，因此很遗憾本次到校交流只能开展到这里，请大家理解，也期盼疫情早日过去，我在校园等你们。”

家校沟通的过程是教师和家长交心的过程。为了交流的愉悦、为了达到育人的目的，需要运用大量的沟通技巧和策略。

就像一句台词说的那样：“生活就是一个问题接着一个问题。”学生的教育需要家长和教师一起努力去面对一个个问题。家校沟通的重点也不是沟通技巧的展示，而是真情实感的投入，这样才能使教师与家长的这座沟通桥梁畅通无阻。而子涵的个案也提醒我们，家校沟通前要有意创设良好的沟通环境，做好家校沟通的前置准备，让家长放下被教师点名到学校的戒备，沉浸式的家校沟通让沟通更加高效。这既是教育智慧，也是情怀所致。

参考文献

[1] 周齐，丁君．家校沟通任重道远[J]．新智慧，2019（1）．

第十五篇 以德育微课开发促进中职德育工作有效开展

摘要：立德树人是新时代教育的根本任务。长期以来，中等职业教育十分重视学生的德育工作，但传统的德育更多注重学生行为习惯的教育，德育资源容量小，形式单一，线上资源建设不足。尤其在在线教学时期，学生缺乏自律等系列问题集中产生。德育工作者缺少抓手和有力支持。当传统的师生面对面交流和指导被线上交流取代时，应用新的技术手段和线上学习中师生面临新的问题，又需要将德育工作再推上一个新台阶。中职德育微课的开发与实施，回应了中职德育现实工作需要，是中职德育工作的大胆尝试和有效路径。

关键词：中职；德育；微课

前 言

2018年9月，习近平总书记在全国教育大会的讲话中指出，教育要培养德智体美劳全面发展的社会主义建设者和接班人。习近平总书记的殷切期许，为德育工作指明了方向。中华民族素有重视道德和德育的传统，德育课程是对学生进行思想道德教育的专门课程，是新时代落实立德树人根本任务的关键课程，有着不可替代的作用。作为中职德育工作者，既要遵循德育普遍规律，也要适应中职学生身心成长的特点，同时改变传统、单一的德育形式，积极创新德育课程，促进中职德育工作有效开展，这是每个中职德育工作者必须思考的课题。

德育微课因其具有灵活性、多样性、易开发和易推广等特征，丰富了线上德育课程资源，为线上德育工作提供了强大的助力。系列德育微课的开发为德育课程提供了新的载体，在德育工作中具有广阔的发展空间。

一、中职德育微课的现实意义

中职德育微课对中职德育工作具有重要意义和影响。一方面，德育微课具备微课的一般优势，如将德育知识碎片化、情境化、可视听化处理，时间短，内容精简，学习载体多样，可实现泛在学习等特点。另一方面，德育微课在制作和运用上又不同于专业微课，德育微课承载着关乎学生道德素养和人生价值观成长的德育元素，以社会主义核心价值观为培养目标，灵活结合当下时事，更贴近中职学生的学习和生活，具有时效性、针对性。其中，就内容开发方面的论述较为充分，评价机制、推广模式方面的研究较少，所以在德育微课实践过程中，急需资源的系统化整合和新推广路径的探究。

二、中职德育微课的选题

德育工作必须与时俱进，尤其在受到疫情冲击的大背景下，任何有利于提升学生品质和引导价值观的题材，都可以成为德育微课的内容，以引起学生的共鸣。中职德育微课还需关注中职学生的需求和兴趣，课程设计的出发点必须是学生的实际需求。除了运用现成的新闻素材、视频片段，还应结合本校实际，对网络资源、班级德育资源、学校德育资源进行挖掘和开发，增强德育的“情境化”，运用身边的好人好事，树立榜样，增强“在场感”。笔者带领工作室团队整合抗疫时期线上教学的成果，开发了“抗疫助成长，德育伴你行”系列原创德育微课，关注学生抗疫及复课后的真实心理需求和学习需要，开发出符合中职学生身心和阶段特点的德育系列微课。选题包含“空中课堂的仪式感”“幸福是奋斗出来的”“疫情中的班主任”“防疫期间重读经典”“学做情绪的主人”“疫情下的思考与成长”等。

三、中职德育微课的开发

当下，对中职德育微课的开发要切合时事热点，整合线上德育体系和资源这一教育热题，旨在开发体系化的校本德育教育资源及相关的支持机制和推广路径。目前笔者工作室团队已形成中职德育微课制作及发布的标准化流程，具体如下：①工作室成员自主确定选题；②工作室主持人安排课程表；③四人备课小组集体讨论备课；④授课人录制微课视频；⑤推文审核小组审核；⑥推文编辑小组编辑，在公众号上发布。

同时，在此基础上，笔者工作室以原创系列德育微课为开发对象，以推广路径研究为目标，将中职德育微课开发分为以下三个阶段。

第一阶段：动员工作室成员制作德育微课并广泛运用于德育教育领域，积累线上德育教育素材及经验，结合文献调研，借鉴优秀经验，对已推出的微课进行梳理总结、理论提炼、反馈提升，为第二阶段的工作做好铺垫。

第二阶段：继续调查复课后学生、班主任、家长需求，进一步对德育微课进行再开发，形成体系完整的德育微课课程资源，制作微课资源包，形成系列德育微课。

第三阶段：资源整合、理论提升和推广阶段。探索复课后德育微课在线上线下相结合的新德育教育模式中的运用路径，对课程资源进行推广。

四、中职德育微课的成效与意义

富有特色的德育微课不仅规范了学生线上学习行为，提高了学习有效性，更完善了线上教育的整体性。笔者总结工作室开发的中职德育系列微课发现，该系列微课生动地呈现了以下成效与特点。

（一）素材丰富多样

中职德育系列微课选题丰富，内容新颖，在已推出的几期专题中，既有面向学生的具体德育问题的专题，如“自律”“爱国”等主题，也有面向班主任的“特殊时期的班主任”，分享“停课不停学”期间的班级管理和家校沟通策略，还有面向家长的教育方法的指导。

（二）内涵深度融合

中职德育系列微课内容既立足于当下特殊时期的德育主题，保证了时效，也结合爱国主义教育、劳动教育、生命教育等内容，体现了德育的深刻内涵与外延；既着眼于具体而微的问题，也关注宏大的时代命题；既输出社会主义核心价值观，也提供实用的参考方案。

（三）个性特色鲜明

在抗击疫情特殊时期，学生面对生活与学习的多重挑战，中职德育系列微课抓住德育教育契机，针对当下学生出现的问题，创造性地提出一些德育的建议和思考。例如，“自律”课程激励学生在线上学习期间树立目标，做好规划，严格自律；“幸福都是奋斗出来的”课程收集了在技能考试中优秀学子对学弟学妹的勉励，用榜样的力量激励学生为更美好的未来奋斗；“爱国主义”课程讲述了抗疫英雄的伟大故事，感召中职学生思考国与家的关系，明确现阶段青年的责任；“劳动教育”课程立足家庭生活，引导学生尊重劳动、热爱劳动，突出新时期中职教育“五育”并举的教育方针。

（四）成果高效务实

在停课不停学的背景下，如何落实中职学生学习效率是所有教师面临的一大挑战。德育微课中“小细节，大文明——网课礼仪”课程针对一段时间以来网课中存在的问题，寻找研读了大量资料，从课前、课中、课间、课后礼仪四个方面给予学生切实有效的行为指导，提高了学生的网络素养，具有很强的现实指导意义；“网课的考勤和反馈”课程就这一学习中的普遍现象深入探讨，观照了线上课堂的国际发展趋势，进一步明确学生在空中课堂的学习要求；“特殊时期的班主任”课程从“学生健康数据的收集”“网课期间日常管理”“与家长、学生的沟通”和“策划主题班会和线上活动”等方面，分享了自己的想法和做法，具有很好的借鉴意义。

中职德育微课的实效与影响在疫情防控线上教学期间得到了突出体现，是中职学校实施线上德育的有力工具。在课程开发基础上，笔者把德育微课作为中职学校德育工作的重要抓手，充分发挥线上课程的优势，并将微课的作用范围扩展到学校的德育活动中去。同时，以德育微课的开发促进班主任班级管理和德育教育的提升、班主任团队的建设、家校沟通与互联等方面，促进学校德育工作的整体发展。

参考文献

[1] 杨建兵，等.德育微课的开发与应用研究[J].课程教育研究，2016.

[2] 闵惠敏.德育微课在学校德育工作中的研究与思考[J].中国信息技术教育，2015.

[3] 叶俊.职业学校德育微课实践研究[J].开封教育学院学报，2014.

[4] 叶飞飞.“三化两性”德育微课有效模式初探[J].教育实践与研究，2016.

[5] 朱静江，等.让德育“微起来”——探讨微课与德育的整合[J].湖南教育，2015.

[6] 陆美芹.微课程，大德育——淮海技师学院创新德育途径[J].思想理论研究，2017.

[7] 潘子超.微课程，大德育——江苏省邗江中等专业学校创新德育途径[J].职教探索，2017.

第十六篇　从三首“游船”词看李清照情感的变化

在中国古代诗歌史上，唐诗宋词无疑是最为璀璨夺目的精华所在。这里有数不清的文人墨客，李白、杜甫、白居易、柳永、苏轼和秦观等，都是我们耳熟能详的大诗人、大词人。在这众多的人物中，有一位“直欲压倒须眉”（《雨村夜话》）的女子，也就是被称为“闺阁之苏辛”（《菌阁琐谈》）的宋代女词人李清照。在她的身上，闪烁着女性的智慧、温柔和坚韧。予酷爱之，常翻阅她的词作，清晰而真切地体会到那种微妙而复杂的情感变化。摩挲着那些饱含深情的文字，就如同看到了她一生的剪影。本文以李清照三首有关写游船的词来侧看她的一生情感变化，为大家讲解一些笔者不成熟的认识。

一、《如梦令》

“常记溪亭日暮，沉醉不知归路。兴尽晚回舟，误入藕花深处。争渡，争渡，惊起一滩鸥鹭。”李清照生在豪门望族，父亲李格非官至礼部员外郎，是当时的一位著名学者和文学家，曾“以文章受知于苏轼”（《宋史·李格非传》），也是后四学士之一。母亲王氏是北宋状元王拱辰的孙女，亦擅长文学。李清照生活在这样一个文学氛围比较浓厚的家庭中，从小耳濡目染，而且家庭环境比较宽松，她在少年时代就能写出惊人的诗作。所以，她在少年时的生活是自由、快乐而幸福的。这首《如梦令》写的就是少女时代的李清照乘船游玩的动人情景。

她少女时代的生活是烂漫、无邪、充满幻想的，而少女时代的情感也纯真得晶莹剔透，所以开头“常记”一词就表现了其对少女时代无忧无虑地游玩的怀念和眷恋。词中描绘了一幅少女尽情游玩，在溪亭喝得大醉，兴尽晚归，误入藕花丛中全力划船挣扎，并且惊飞一滩鸥鹭的动人画面。在这里，活泼的少女、日暮中的溪亭、妩媚的藕花、惊飞的鸥鹭交相辉映，有动有静，有情有景。如同身临其境，享受美好自然和生活。“争渡，争渡”则把她那种着急、全力划船的情态、那纯真坦率的性格生动地刻画了出来，我们似乎可以听到其欢快的笑语，看到她那娇弱而又洒脱飘逸的身姿，当把她融入日暮中的溪亭、盛开的藕花以及惊飞的鸥鹭这种背景中，给人的感受是恬静、惬意、清新的。真是写出了“见客入来，袜划金钗溜。和羞走，倚门回首，却把青梅嗅”（李清照《点绛唇》）的羞涩与娇憨，写出了“争渡，争渡”的欢快与活泼，词人深深地陶醉在自然的怀抱中。

二、《一剪梅》

李清照度过她美好的少女时代，十八岁嫁给赵明诚。赵明诚，字德甫，其父赵挺之，时为吏部侍郎。结婚时赵明诚在太学读书，后出仕为鸿胪少卿。赵明诚自幼喜欢收藏考订金石刻词，夫妻两人情投意合，志同道合，生活十分美满。从《金石录》的一些记述中可看出其夫妻感情的融洽、和谐与温馨。“余性偶强记，每饭罢，坐归来堂烹茶，指堆积书史，言某事在某书，某卷，第几页，第几行，以中否角胜负，为饮茶先后。中即举杯大笑，至茶倾覆怀中，反不得饮，乐在声色狗马之上。”

李清照结婚后，夫妻虽然伉俪情深，但赵明诚经常外出游学，为宦，因而这种短暂的离别总会给情感细腻的女词人带来愁苦。这首《一剪梅》就是写别愁的一首婉约词。据元人伊世珍《琅嬛记》记载：“易安结褵未久，明诚即负笈远游。易安殊不忍别，觅锦帕，书《一剪梅》词以送之。”可见李清照与赵明诚的夫妻情深。江淹《别赋》曰：“黯然销魂者，唯别而已矣。”对多情纤细的李清照来说，离别是残酷的、难以忍受的。

首句点明了一个江荷凋败、玉露生寒的萧瑟的秋天景象。而她的愁绪和无尽的思念也在这种凄凉的环境中油然而生。为了排除这种恼人的思念的煎熬，她既没有浓睡，也没有再饮酒，而是通过乘船游玩来消遣。于是她“轻解罗裳”，独自一个人登上了小船。在这里，一个“独”字就使人物形神俱现，就把词人孤独一人、茕茕孑立的外形和孤寂愁苦的神情展现在我们面前，给人一种凄清、苍凉的感觉。词人有心思划船游玩吗？可能只会是甜蜜的往事历历在目，而今人又在何处？丈夫不能时刻陪伴在身边，但是就是一封书信就能慰藉那种相思之苦，所以词人幻想着大雁在传达着他们之间爱的信笺。这里通过雁的形象来委婉地表达这种相思之苦，虽然不直接言情，而情已自现。“月满西楼”刻画了一个意境深邃的妆楼凝望的画面。一个“满”字不仅写出了月亮一点点地照彻妆楼，而且也写出了词人凝望之久，在这无言的凝望中，蕴含着深深的相思之情和相思之泪。“柔肠一寸愁千缕”（《点绛唇》）的形容是不为过的。而下阕的两个“自”字把词人那种无奈、忧伤和叹息生动地展现了出来。无奈两地的离别，忧伤时光的流逝，感叹青春的易老。最后一句“此情无计可消除，才下眉头，却上心头”则把词人的“一种相思，两处闲愁”表现得淋漓尽致，把那种相思的情感推到了一个高潮。词人一颦一皱的神态尽在眼前。难怪《草堂诗馀》评曰：“此词颇尽离别之情，语意飘逸，令人省目。”李清照是比较善于写愁的，愁之多，愁之浓，方可看出情之真，情之切，情之深笃。如“独抱浓愁无好梦”（《蝶恋花》）则把愁写得可以拥抱，“从今又添一段新愁”（《凤凰台上忆吹箫》）则把愁写得有了长度，“柔肠一寸愁千缕”（《点绛唇》）则把愁写得有了数量，等等。这些写愁的词作不仅体现了女词人细腻深幽的情怀，更体现了夫妻感情的真挚、深厚。此时的李清照由一个无忧无虑的少女变为一个多愁善感、柔肠百结的少妇。

三、《武陵春》

《武陵者》这首词写于李清照的后期。俞正燮的《癸巳类稿：易安居士事辑》把这首词定为高宗绍兴四年（1134）作者避乱金华以后的作品，并且指出词的内容“流寓有故乡之意”。靖康二年（1127），汴京失陷，徽钦二帝“北狩”，史称“靖康之耻”。赵构在南京称帝，改号建炎，宗室南渡。是年三月，明诚奔母丧南下江宁。八月明诚知江宁，建炎二年（1128）春天，李清照南渡至江宁。建炎三年（1129），赵明诚病逝。这首词就是李清照在国破、家亡、夫死的背景下写成的，其感情的悲苦、深沉不言而喻。

风停落红满地的晚春景象使词人倍感凄凉。国已破，家已亡，夫已死，物是人非，颠沛流离的生活早已使她憔悴不堪了，词人哪里还有心情理云鬓呢？一个“倦”字把词人的那种沧桑感无形地流露出来，倦的原因是国破、家亡、夫死等遭遇给她造成的不可排遣的浓愁。以前的“髻子伤春懒更梳”（《浣溪沙》）仅仅是一种淡淡的闲愁，而“起来慵自梳头”（《凤凰台上忆吹箫》）也只是因为明诚“这回去也，千万遍阳关，也则难留”，这是写离愁别恨。以前是“懒”，而今则是“倦”了，虽一字之差，却深藏不同情感。最可依靠的人儿不在了，一个弱妇人在这样一个动乱的社会中将何去何从？物是人非，睹物怎能不伤感？“欲语泪先流”给这种难言的痛苦以最真切的回答。以前由离愁所带来的“欲说还休”（《凤凰台上忆吹箫》）的情感是可以控制的，而今却是“欲语泪先流”了，那种悲哀的、复杂的情感终于无法控制了，流下了辛酸的泪水。这泪水中包含着深深的亡国之痛，亡夫之苦，漂泊之叹。《草堂诗馀》眉批曰："未语先流，此怨莫能载矣。"评语曰："景物尚如旧，人情不似初，言之于邑，不觉泪下。"又是一个春天到来了，"旧时天气旧时衣"，却"只有情怀，不似旧家时"（《南歌子》）。旧时的春天，词人总要去踏青，划船游玩，享受无尽的春色。"如今憔悴，但余双泪"（《青玉案》），虽然她很想去泛轻舟，但是她"只恐双溪舴艋舟，载不动，许多愁"。是啊，词人那满腔的幽怨、愁苦又岂是这一次游玩、这一只小船可以排遣得了的？这一切的一切又岂是一个"愁"字可以了得的？古人云："穷饿其身，思愁其心肠，而使自鸣其不幸。"李清照的后期词大都流露了难以言说的悲恨和浓愁。"如今憔悴，风鬟霜鬓，怕见夜间出去"（《永遇乐》）写出了词人的沧桑，而"吹箫人去玉楼空，肠断与谁同倚？一枝折得，人间天上，没个人堪寄"（《孤雁儿》）则道出了怀念亡夫的深情。

这三首词代表了李清照生活的三个阶段，活泼快乐的少女时代、甜美而又满含别愁的婚后生活和凄苦漂泊的孀妇的苦难历程。而这三个阶段的三首词又都以"船"贯穿之，使我们清晰地看到了词人一生情感变化波动。从少女时代的"争渡，争渡，惊起一滩鸥鹭"的欢快、愉悦，到少妇时"轻解罗裳，独上兰舟"的别离的愁苦，再到亡夫后的"只恐双溪舴艋舟，载不动，许多愁"的凄苦深沉和漂泊无助，情感逐渐变化，展示了她一生历程的侧面。刘勰《文心雕龙·情采》云："情者文之经，辞者理之纬。"情感是文章的经线，它贯穿始终，文辞是编制道理的纬线。李清照的词既是她真情实感的流露，毫无矫揉造作之感，也是她真性情的体现，清丽而温婉。由儿时的自愿去划船游玩，到婚后无奈地划船去遣愁，再到国破家亡后，连划船也懒得去了，愁苦更多，词中所包含的内容也更丰富了。由单纯的划船游玩到单纯的划船遣愁再到划船而不能的复杂的内外因素，情感的含量也在增加、在升华，由个人的生活情感的“小圈子”扩大到国家民族的兴亡，加上自己的身世飘零之感，把个人和社会、国家更好地结合到一起，词的含金量在提高，词的意义也在深化。

岁月在过滤着历史，历经几百年的洗礼，李清照这位聪慧而才情超众的女词人以她独特的风采在历史的长河中伫立着，温柔如弱柳，清丽如芙蓉，瘦劲如秋菊，孤傲如蜡梅。“生当作人杰，死亦为鬼雄”的豪迈与慷慨的胸怀又令七尺男儿汗颜。从词人的一生经历、情感的起伏变化及其坚韧的人格中，我们是否可以思考一些什么呢？

第二部分

教育随笔

第一篇　如何将传统文化融入日常教育教学

一、导语

习近平总书记提出：“没有高度的文化自信，没有文化的繁荣兴盛，就没有中华民族伟大复兴。”中华优秀传统文化是中国五千年文明的重要组成部分，承载着中华文明的精华与智慧，是中华民族的文化根脉。“求木之长者，必固其根本；欲流之远者，必浚其泉源。”教育工作者应当如何将传统文化融入日常教育教学呢?

二、情景再现

中秋节你怎么过?

又是一年中秋节，华强职业技术学院热闹非凡、喜气洋洋，各式各样的活动如火如荼地进行着。每个角落都洋溢着节日的喜庆，弥散着浓厚文化的馨香。

在校园的天井旁，一排排五彩斑斓的灯笼高高挂起，随风轻轻摇曳。灯笼下，一条条灯谜随风飘动，引来了众多学子驻足思考，时而眉头紧锁，时而喜笑颜开，猜中谜底后的欢呼声此起彼伏，不绝于耳。这不仅是一场智慧的较量，更是对传统文化的一次深刻体验。

不远处，汉服换装打卡区吸引了众多目光。学生身着各式各样的汉服，或华丽繁复，或简约素雅，仿佛穿越时空，回到了那个诗意盎然的古代。他们或轻抚衣袖，或浅笑盈盈，在镜头前留下了一张张美丽的照片，不仅记录了这一刻的美好，还让传统文化的美得以传承和展现。另一侧，做折扇、绘灯笼的活动区同样热闹非凡。学生手持画笔，在空白的团扇和灯笼上尽情挥洒，有的绘制着山水画卷，有的书写着诗词歌赋，每笔都蕴含着对传统文化的热爱与敬仰。这些作品不仅展示了学生的艺术才华，更让传统文化与专业的融合碰撞出火花。

DIY月饼的活动区，香气四溢，引人垂涎。学生在教师的指导下，亲手制作着各式各样的月饼，和面、包馅、出模，每个环节都充满了乐趣与挑战，脸上更是洋溢着满足与幸福的笑容。这不仅是一次美食的制作，更是一次对传统饮食文化精髓的领悟与传承。

走实走深的“传统文化润心田，课程创新育工匠”系列活动不仅为学生提供了一个展示自我、体验传统文化的平台，更将传统文化的核心理念融入其中。通过活动的形式将传统文化延展进课堂，并与语文的诗词、设计和艺术类专业结合，以活动突破学科和专业壁垒，实现融会贯通，打造传统文化课程，关注学生必备品格与关键能力培养，推进学生综合素养提升。在这里，学生不仅学到了知识，更感受到了传统文化的魅力与力量，让传统文化在他们的心中绽放更加绚丽的光彩。

三、分析解答

传统文化融入日常教育教学的必要性。

中华优秀传统文化是中华民族的文化根脉，是我们在世界文化激荡中站稳脚跟的根基。生生不息、薪火相传的中华优秀传统文化，内蕴着丰富的思想学说、经验智慧、道德传统与民族精神等，具有强大的生命力。将传统文化融入日常教育教学的必要性主要体现在以下三方面。

第一，增强文化自信。通过学习传统文化，加深学生对传统文化的认知和理解，引导学生更加珍视和尊重自己的文化根源，认识到自己所属的文化群体和文化传统，激发学生的情感共鸣，增强文化认同感，形成文化自豪感，促使学生自觉坚定地维护优秀传统文化，抵御外来文化的冲击和侵蚀，坚定文化立场和信仰，增强文化自信。

第二，树立正确三观。青年的价值取向决定了未来社会的价值取向，青年时期是价值观塑造与建立的关键阶段，抓好这一时期的价值观念养成尤为重要。传统文化中蕴含着丰富的世界观念，如天人合一、道法自然等，这些观念可以帮助学生理解世界的本质和规律。通过学习传统文化，学生可以更加客观地认识世界，理解人与自然、人与社会的关系，从而形成科学的世界观。传统文化强调修身齐家治国平天下，注重个人品德的修养和社会责任的承担。学生在学习传统文化的过程中，可以受到正向观念的熏陶，形成积极向上、勤奋努力、关爱他人的人生观。同时，传统文化中蕴含的道德观念、价值观念和人生哲理，对于塑造学生的良好品德具有重要作用，有助于引导学生树立正确的世界观、人生观和价值观，培养良好的道德品质和行为习惯。

第三，提升综合素质。传统文化涉及多个领域，如文学、艺术、历史和哲学等，将传统文化融入日常教育教学，可以拓宽学生的知识面，培养和提升学生的审美情趣和创新能力，提高学生的综合素质，以传统文化浸润学生心灵，以文化人、以文育人。

四、策略引导

为了将传统文化自然融入日常教育教学，可以采取以下措施。

一是融入课堂教学。课堂是教育教学的第一阵地，将传统文化融入各科课堂教学中，通过深挖教材、拓展延伸、课堂讨论等方式，引导学生深入学习传统文化，思考传统文化的现代意义和价值。课程设计中自觉加入与传统文化相关的环节，如文学经典、历史故事和艺术鉴赏等。结合教学内容深入挖掘文化内涵，如在语文古诗文学习单元补充脍炙人口的经典诗词，引导学生深入感受诗人对自然、人生、情感的感悟和情感表达；注重挖掘作品中的文化元素，在《林黛玉进贾府》的课程讲解中，结合文章情节和人物性格提炼展示传统建筑和服饰特点的文字，文本与文化紧密结合，双向促进；深化跨学科融合，文史不分家，诗画本一律，音体美一体……在跨学科建构下碰撞出传统文化的光芒。坚守学科教学课程思政，以传统文化浸润学生心灵，以课堂教学激发学生学习传统文化的兴趣，激发持续深入学习传统文化的热情。

二是开展实践活动。结合课堂教学，进一步将中华优秀传统文化的内容融入班级活动、校园文化、社会实践和专业实习等育人环节，引导学生在多彩的实践中汲取养分，丰富思想，沉浸式感受中华优秀传统文化的魅力。理论与实际相结合促使学生对传统文化中修身处世的道德理念从感性认识上升到理性认识，有助于培养学生运用所学知识解决实际问题的能力。组织学生参加传统文化体验活动、文艺演出等，学习传统手工艺等丰富自己的生活体验，让学生亲身感受传统文化的魅力。传统节日的系列庆祝活动，如春节、清明节和端午节等是中华文化的重要体现，可以组织一些与传统节日相关的庆祝活动，如包饺子和制作粽子、月饼等，让学生在参与活动的过程中了解传统文化的习俗和内涵。同时组织学生参观民俗博物馆，了解传统文化的历史背景和文化内涵，走进文博会，在传统与现代的文化交融中体悟文化的魅力；邀请传统文化传承人进校园讲座，或组织学生与传承人进行互动交流，加深对传统文化的理解，让传统文化的学习丰富多样、趣味十足，真正实现从小课堂到大社会的蜕变。

三是开设文化课程。在学校课程中增设传统文化教育“第二课程”，以社团课、精品课、特色课等形式开设文学、历史和哲学等相关课程，以模块化教学深入开展传统文化主题学习，如扎染、纸艺和戏曲等特色课程，引导学生深入了解传统文化的内涵和价值，将中华优秀传统文化全方位融入教育各环节，深化认同，激活自信。

文化自信，犹如深埋地下的根脉，滋养着国家与民族的灵魂，恒久坚韧。于日常教育教学中，我们细心织就传统文化的经纬，让古老智慧与现代知识交相辉映，坚守着源自血脉深处的中华文化立场，不让历史的洪流冲淡一丝一毫的文化记忆。我们赓续中华文脉，如同接力千年火炬，让先辈的智慧之光，在今日之少年的心中熊熊燃烧。如此，传统文化不再是尘封的记忆，而是鲜活的血液，流淌在新时代的脉搏里，让文化自信成为推动国家繁荣、民族复兴的最强音，响彻云霄，历久弥新。

第二篇　巧用热点素材，实现文专融通

——关于冬奥诗词进课堂的思考

2023年2月4日，立春，也是北京冬奥会举行一周年的日子。各大媒体对一年来我国冰雪运动的发展和冬奥场馆的后续使用情况进行了报道。同时回顾了北京冬奥会开幕式和赛场上惊心动魄的较量，带领我们仿佛回到了2022年的北京冬奥会，再次被谷爱凌“会当凌绝顶，一览众山小”的霸气鼓舞，也被苏翊鸣“大鹏一日同风起，扶摇直上九万里”的风采惊艳，更被“燕山雪花大如席”的中国式浪漫感动。

当二十四节气遇见古诗词，将碰撞出怎样的火花呢？又会给语文课堂带来怎样的审美体验呢？教师在课堂和学生一起赏析冬奥会的诗词佳作，学生结合美术专业的解读让人眼前一亮，诗词的美好在课堂上沉淀、升华。

白露。从对角线构图和倒影布局的角度展现新鲜独特的视觉震撼。千年前杜甫在吟诵“露从今夜白，月是故乡明”一句时，大概也像《春江花月夜》中“不知乘月几人归，落月摇情满江树”一样，带着浓浓的思乡之情，让人动容。

夏至。摄影师从摄影中常用的特异构成着眼，既突破了单调规律的瓶颈感，又注意到色彩的深浅变化。而诗句中“绿”“粉”色彩相宜，“圆”“荷”搭配自然，“芳”字更是巧妙地将嗅觉与视觉感官联通，简短数语，浓郁的中国风扑面而来，诗画结合，浑然天成。

春分。从构图的密集与疏松变化切入，密集的花给人强烈的视觉冲击，疏松的大面积红墙留白，烘托主题，与诗句描绘的“春风一到，繁花似锦”完美契合。古人在诗画中传情达意，千年后，我们用炫彩的视频画面呈现了无与伦比的中国式浪漫。二十四节气倒计时与诗画融为一体，不禁让我们惊叹“每帧都是壁纸”，感慨“国家级审美，世界级享受”。中华民族绵延五千年的文化自信在这一刻被点燃并无限放大。而在倒计时的最后，还有十个节气没有配上诗句，这恰如其分地成为我们古诗词课堂的审美契机。我们是否可以利用所学诗词，寻诗入画甚至为画题诗呢?

秋分——金气秋分，风清露冷秋期半。（《点绛唇·金气秋分》宋·谢逸）

秋分——九月秋将半，黄叶满枝头。田间传人语，暖屋正炊烟。（学生创作）

寒露——微月兼寒露，乔松间野田。（《题度仪堂四首》宋·张继先）

寒露——夜深寒露秋风起，雁过留痕雪满山。（学生创作）

霜降——秋风萧瑟天气凉，草木摇落露为霜。（《燕歌行二首·其一》魏晋·曹丕）

霜降——霜降红墙喜，天高万象苏。（学生创作）

立冬——天水清相入，秋冬气始交。（《立冬日野外行吟》宋·释文珦）

立冬——立冬今又至，风雪映朝阳。（学生创作）

小雪——养茶摘蕊新春后，种橘收包小雪前。（《送余少卿知睦州》宋·梅尧臣）

小雪——远山小雪耀艳阳，近水锦鲤闪金光。（学生创作）

大雪——六出飞花入户时，坐看青竹变琼枝。（《对雪》唐·高骈）

大雪——北风迎大雪，游子念还乡。（学生创作）

冬至——天时人事日相催，冬至阳生春又来。（《小至》唐·杜甫）

冬至——谁言冬至不芳华，如云白雪更仙葩。（学生创作）

小寒——小寒连大吕，欢鹊垒新巢。（《咏廿四气诗·小寒十二月节》唐·元稹）

小寒——匆匆入小寒，厚厚雪挂枝。（学生创作）

大寒——心藏后凋节，岁有大寒知。（《岁寒知松柏》宋·黄庭坚）

大寒——冰封锁万物，朝阳出远山。（学生创作）

立春——从今克己应犹及，颜与梅花俱自新。（《人日立春》唐·卢仝）

立春——柔风送暖江南岸，泥融冰化又立春。（学生创作）

冬奥会开幕式上诗词与传统节气与竞技体育完美结合，成就了最具中国传统韵味的奥林匹克盛会，而奥运的大舞台也助力中国诗词走向世界。聚焦时事热点，打造创意课堂，激励学生在开阔的视野里走进古诗词，收获语文课堂的诗意与美好。

第三篇　轻舟已过万重山，前路漫漫亦灿灿

——参加全国教学能力大赛思考与感悟

2022年12月17日，全国职业院校职业技能大赛教学能力比赛决赛成绩揭晓，标志着2022年度的比赛落下帷幕。虽然最终并未登顶，小有遗憾，但是一路上的坚持与收获也是弥足珍贵的。未来再回忆起2022年的时候，脑海中一定有这样一些清晰的画面：宽大的会议室里人们的思维热烈地碰撞，挑灯夜战修改稿件的坚持，疫情反复不能返校时的执着……这些都会在未来的某一个瞬间被赋予坚守的意义。

没有参加这个比赛前，我们对比赛的了解更多的是获奖选手的感言和专家的建议，经过前期的了解和一年的备赛，躬身其中才有了更清晰的认知。要参与一项比赛，对赛项本身的了解是必要的。

一、认知比赛，科学备赛

（一）规格高

2018 年，全国职业院校技能大赛教学能力大赛正式纳入全国职业院校技能大赛体系，其前身为全国职业院校信息化教学大赛。从聚焦信息化教学到关注综合教学能力发展，赛项设置和比赛形式不断完善，秉承着“以赛促教、以赛促研，以赛促建、以赛促改”的办赛思路，贯彻职教 20 条、提质培优行动、“双高建设”相关要求，持续推进职业院校教师教学能力普遍提升，有效引领职业院校建设，锤炼教师的教学技能，落实立德树人根本任务，助力“三教”改革，推动教育评价创新，提升职业教育的育人质量。这是职业院校规格最高的比赛，所以能参加这样的比赛，将自己日

常教学的思考和全国的同行交流学习，在奔向国赛的路上满怀虔诚之心，这本身就是对选手的肯定，也是难得的学习机会和至高无上的光荣。

（二）周期长

比赛的备赛周期长，就本团队2022年参赛的情况而言，从2021年11月组队，到2022年12月17日成绩公布，周期超过一年。大致分为组队参赛、研读文件、确定内容、资料准备、反复研讨、提炼升华、磨课录课、材料提交和现场答辩等重要环节。同时历经校赛模拟、市赛选拔、省赛冲牌和国赛对决，一年的工作重心都围绕比赛分阶段有侧重地展开，所以对参赛选手来说，比赛不仅仅是教学理念、教学能力的比拼，更是身体和心理的较量，我们必须做好充分的思想准备，才能在困难频出的漫长备赛周期内一直保持向前的内驱力。

（三）考核全

比赛最终呈现的形式包括材料提交和现场答辩。提交的材料包括实施报告、教学设计、录课视频和专业人才培养方案、课程实施标准等。现场的环节则包括实施报告展示、规定时间内授课（无生展示或有生互动）和现场答辩，对教师的能力考核非常全面。体现对教师在日常的教学理念、教学水平、文字能力以及临场应变等全方位的要求。比赛绝对不是临时抱佛脚的拼凑，一定是深耕日常教学的升华和提炼。需要参赛选手深入反思教学，并能在信息化的辅助下开展与新时代职业教育相匹配的创新教学，实现文转融通，衔接职业岗位，这些对参赛的选手而言是全方位立体式的考核。

只有充分认知比赛本身，并做好充分的思想准备，才能在未来长期的备赛周期内突出重围，决战巅峰。

二、备赛思路分享

（一）以生为本，学为中心

韩愈曰："师者，所以传道受业解惑也。"

在中职语文教学中，教师该扮演怎样的角色，是需要每位教育工作者认真思考的问题。在新课改的模式下，伴随着学生学习方式的转变，教师的教学方式也应该进行相应的转变。"以生为本，学为中心"，传统的满堂灌已经适应不了新时代的教学要求，只有充分发挥学生的主体作用，才能激发学生学习的兴趣，使课堂真正地"活"起来。比赛视频虽然只有短短的八到十五分钟，但它是我们平时教学的一个缩影。在教学活动中，最完美的教学状态应该是在生生互动、师生互动中完成教学任务。学生的主体地位还可体现在教学设计中，例如在课前，可用信息化平台发布教学任务，培养学生观察、理解、探究的能力，还可通过数据分析学生学习效果，以便在课中更好地把握重难点。如果教师是绿叶，学生是红花，那么，职业教学就应达到"绿瘦红肥"的效果。

（二）思政渗透，润物无声

"随风潜入夜，润物细无声。"课程思政就是要把社会主义核心价值观的基本要求、实现民族复兴的理想和责任以及做人做事的基本道理融入各类课程教学中。因此，在语文教学中有效地融入思想政治教育的成分和元素，实现立德树人的根本任务，成为语文教育工作者首要考虑的问题。课程教学目标涵盖知识目标、能力目标和素养目标。思政教育需体现在素养目标中，并且引领贯穿教学计划、课程标准、课程内容和教学评价等主要教学环节。深挖专业特点与课程特色，从国家层面到社会层面再到个人，挖掘与课程内容相关的思政教育。将思政教育春风化雨般有机融入教学的每个环节中。借助各种教育资源，比如运用短视频、微电影及VR、AR等技术，创设情景，在情景教学中达到"画龙点睛"的育人目的，达到“随风潜入夜，润物细无声”的效果。

（三）知行合一，以知促行

“知行合一，止于至善。”习近平总书记在与北京大学师生座谈时曾叮嘱广大青年：“‘纸上得来终觉浅，绝知此事要躬行。’学到的东西，不能停留在书本上，不能只装在脑袋里，而应该落实到行动上，做到知行合一、以知促行、以行求知，正所谓‘知者行之始，行者知之成’。”职业院校是以为国家培养技术技能型人才为目标，所以在教学中更应注重培养学生的实践能力。职业院校教师教学能力比赛专业技能组的教学视频中应有实训教学内容，运用虚拟仿真，教师规范操作，有效示教，培养学生分析问题、解决问题的能力。公共基础课程组不但要体现思想性、基础性，还应体现职业性。在语文教学中，既要提升学生的人文素养，又要提升学生的职业素养。在文本探究方面，也要尽量与专业特点契合，紧扣职业教育专业特点进行探究学习。通过实践，学生由“要我学”变为“我要学”，真正实现了学以致用，知行合一，真正使学生的实践能力和探究能力有了不同程度的提高。

（四）立足实际，夯实教材

子曰：“工欲善其事，必先利其器。”教学的有效实施，离不开实用的教材。此次比赛有些参赛作品依据的教材陈旧，没有特色。职业院校没有固定的教材，这也使各学校各学科教材的选用更加灵活，甚至可以依据课程标准、根据本校的办学特色自主编写校本教材。职业院校的学生基础薄弱，教材就需要从形式与内容上，按照先易后难、由浅入深的原则加以编写，并将“三全育人”“课程育人”落到实处。充分利用阅览室，阅读教育教学期刊，搜集、筛选并积累相关信息，为校本教材编写提供支撑。每位教师依据校本教材，结合专业特点，确立教学目标，采取“以老带新”的策略，提高教育教学水平。百年大计，教育为本。只有紧跟时代发展，立足职业需求，才能让校本教材这一“活水”为职业教学注入新的活力。

从开始组队参赛的那一刻起，团队四人就开启了一段自我磨砺与提升的艰苦历程，熟悉课标、钻研教材、录制视频、撰写材料……不知道有多少次推倒重来的不舍，也不记得有多少次想要放弃的无奈，但回望自己的初心，又一次次咬牙坚持了下来。“命运的齿轮开始转动”，我们打开上帝视角，重新审视他人的高光时刻，感觉他人的崛起好像是瞬间完成的。但哪有一夜成名，有的只是厚积薄发与百炼成钢。我很喜欢这样一段话，“专注于振奋自己的事情，不知道自己为什么要坚持，不知道未来会有怎样的结果，就是很笃定地知道，应该如此，应该坚持”。每个人都有一段沉默的时光，那段时光是付出很多努力却看不到结果的日子，但请相信，这段无声的日子里你是在默默扎根，心怀希望。

星光不问赶路人，时代不负奋斗者。在备赛过程中，伙伴们也真正一起感受到了吹灭读书灯，一身都是月的浪漫。感受到“古之立大事者，不惟有超世之才，亦必有坚忍不拔之志”。灯火之中忙碌的身影，换来的是大赛讲台上的自信与自如，收获的是获奖的荣誉与喜悦。

回顾自己参赛全过程，就像是一颗埋在心里已久的种子，寻找到了阳光，有了发芽的机会。不仅仅是来自市级、省级、国家级比赛的荣誉，更是对自己教学理念的重构、教学能力的提升、教学态度的转变，给自己的教学生涯赋予了鲜活的生命。轻舟已过万重山，前路漫漫亦灿灿。

第四篇　做一名行走的教育者

——畅享丝路朝圣敦煌

一、意外邂逅，初识敦煌

“敦煌”一词，最早见于《史记·大宛列传》中张骞给汉武帝的报告。“敦，大也。煌，盛也。”两千多年前，汉武帝派张骞持节西行，开辟了中原与西域连通的伟大通道。“列四郡，据两关”，驼铃阵阵，人影如织，位于河西走廊西端的敦煌，在时空的更迭中上演着不老的传说。敦煌以其深邃丰沛的史地资源和包罗万象的文化遗产，成为丝路文化最璀璨的明珠。

莫高窟是朝圣丝路的高光点。莫高窟又称“千佛洞”，位于鸣沙山下，因地处莫高镇而得名。366年，僧人乐僔西游至敦煌，“行至此山，忽见金光，状有千佛”，被金光下的山崖震撼，顿悟佛学，莫高窟绵延千年的修建由此拉开大幕。经历了北凉、北魏、西魏、北周、隋、初唐、盛唐、中唐吐蕃统治时期、晚唐、五代……一千六百多年间，悬崖峭壁上排列了七百三十五个大小不一的洞窟。一个个绚烂无声的石窟，是千百年文化存留的痕迹。莫高窟既是中国最大、最著名的佛教艺术石窟，也是世界上现存规模最大，内容最丰富的佛教艺术圣地。走进莫高窟，色彩鲜艳的清朝壁画，人物形象丰满的唐朝佛像，自由自在的飞天，身姿曼妙的反弹琵琶……向世人展示梦幻佛国的景象。大漠黄沙里的璀璨明珠，从4世纪到14世纪，跨越千年历史，随着丝绸之路盛衰起落，曾汇集天下名人名扬四海，也曾淹没于荒野戈壁五百多年。王道士偶然发现的藏经洞，洞开历史的经典，让这一伟大的艺术经典闪耀于众。透过佛像和壁画，想象千年前的壁画在供养人、高僧和工匠的齐心协力下完成的壮举，更见先辈信仰的荣光。

随着藏经洞被意外发现，也“迎来”了斯坦因、伯希和等掠夺者……在那时，珍贵的文物有不少已被破坏，踪迹难寻，而随着时间的流逝，莫高窟的“消失”也是不可逆的，一代代敦煌的守护者，和时间赛跑对文物进行保护，他们的精神汇聚在这片神奇的土地，尤其令人感佩。“敦煌女儿”樊锦诗在《我心归处是敦煌：樊锦诗自述》写道：“敦煌的保护工作总是在一寸一寸中推进，要把那在时光中逐渐变得模糊的壁画，一寸一寸地从不可挽回的命运中拯救出来。洞窟外老一辈莫高窟人栽下的白杨不知不觉已经高耸入云……”时光流逝，唯有热爱和坚守让人动容。

二、亲子研学，再见敦煌

2021年，带着学生，重走丝路，踏上朝圣敦煌的路。

读万卷书，行万里路。近年来，我们带着学生走过中原大地，踏过茫茫草原，曾带着对西南原始秘境的探索重走茶马古道，去看雪山高原，去探访纳西族、摩梭人和藏族人的家园，去寻找蓝色星球消失的地平线。2021年“穿越丝路大疆无域”的研学之旅，我们引导学生带着对丝路荣光的朝圣，带着对国学敦煌的仰望，带着对戈壁天山、嘉峪雄关的期待出发，去聆听丝路千百年回响的声声驼铃，去感受“大漠孤烟直，长河落日圆”的壮美，去热爱祖国大西北风土人情的多姿多彩。

在研学开始前，学生打开研学手册了解行程概况及研学相关知识；在研学过程中，他们在研学地图上画出研学路线，记录研学课程及见闻，把珍贵的感悟与收获和同伴一起分享；研学活动结束后，继续翻阅研学手册，反复回味研学旅程，给我们留下了珍贵的回忆。

印象最深的是导游带领我们来到王道士发现藏经阁的地方，一个小小的洞窟背后居然藏着这样一方让世人惊叹的艺术瑰宝，然而由于王道士的贪婪无知，将国宝拱手让给他人，让人长叹不已。家长神情凝重，一名学生已经默默地擦着眼泪：“妈妈，我觉得王道士真的很傻，他怎么能将我们的宝贝给别人呢？刚才看到很多没有头没有手的塑像，我觉得好可怜，那些流落在外面的国宝一定也想家了吧，我们什么时候才能接他们回家呢？”听着她的追问，家长却回答不出来。最后，只能轻轻地告诉她：“孩子，妈妈虽然不知道具体的时间，但是我想如果每个中国人都努力想他们回来的话，他们一定会回家的。”她似有所悟地点点头：“那我也要努力长大，然后带他们回家。”

亲子研学不仅是高质量的亲情陪伴，更是行走祖国大地、感知文化脉搏的共情体验。与大地对话，与历史对话，与文明对话，在时空坐标中去实现自我感动与认知升华。

三、文化入校、文化育人

学校的羽毛球场正在举办题为“大美敦煌”的人文摄影与壁画临摹作品展，虽然作品为数不多，且仅仅为临摹展品，但是对很多学生来讲也是难得的走近敦煌艺术的机会。然而，不是学生不愿意欣赏美，而是美需要点染。作为一个敦煌文化的爱好者，作为一个艺术班级的班主任，应结合学生正在表演的舞蹈，让活动孕育教育契机。

做好敦煌知识储备工作，带领学生走进摄影中的敦煌，化身导游，让他们了解祖国文化艺术中的瑰宝，从乐傅顿悟佛法到莫高窟的修建，从衣袂翩翩的飞天到技艺精湛的反弹琵琶，从“春风不度玉门关”到“西出阳关无故人”，从佛像到壁画，从藏经洞到九层塔，从文学到艺术……大漠黄沙中的丝路荣光，带着笔者和学生一起打开欣赏美的窗户。对艺术专业的学生来讲，这不仅是一条追求美的道路，更是一条信仰之路。

文化的信仰就是让学生在真正了解、认识到祖国的璀璨文化后油然而生一种民族自豪感和自信心。文化进校园，让文化更有魅力、更易传承。

作为教师，善于发现契机、因势利导、弘扬传统文化、坚定文化自信是自己的职责。

学校舞蹈团展演的原创舞蹈《半壁歌》正是源于敦煌壁画中的飞天造型。邀请舞蹈团的教师和学生现场观展，班主任兼语文教师客串文化导游，将历史、文化、艺术有机结合；舞蹈教师现场教学，一颦一笑，手势站位，更加生动立体；身着飞天舞蹈演出服出现在这里的学生们，本身就是对艺术最生动的诠释和最好的呈现。

参观结束后，一名舞蹈团的学生给笔者发来信息："老师您好，非常感谢您今天带我们走进了敦煌飞天的唯美世界，以前我们在排练的时候只是努力揣摩舞蹈动作，并不知道这背后还有这么美好的敦煌故事，动作只是外在的形，而文化精神才是内在的魂。此时此刻我才恍然大悟，原来我以前一直在力求形似而忘了内涵，我更加笃定我热爱舞蹈，因为我们不仅仅在展示舞蹈，更是在传承文化，希望有一天我也能去敦煌和飞天近距离接触，我想那一定非常美好。"是啊，当学生能从内心深处认识到专业之美，一定能激发他们作为文化传承者的使命和担当，而教师，仅仅是点燃内心热爱的小火种而已。

天地广袤，沙丘绵延，唯有耳边呼啸的风声，仿佛在亘古不变地低诉，苍凉寂寥……置身其间，会有一瞬间好像忘记了自己，仿佛自己也是一粒飘过千万里落下的沙。当太阳西沉，无垠的荒漠收敛起最后一丝光彩，一滴晶莹的泪珠化入万千细沙。穿越时空，翻越山海，以朝圣之名，做一名行走的教育者。遇见敦煌，拥抱文化。

第五篇　如何面向中职生开展挫折教育

党的二十大报告既明确了发展职业教育的重要性和紧迫性，也明确了要把培养大国工匠和高技能人才作为人才强国战略的重要组成部分。新形势、新环境下的职业教育，对中职生的综合素质提出了更高的要求，要求中职生在熟练掌握专业技能的同时，还拥有适应新时代发展的强大身心素质。而中职生身心成长和智能发展的不平衡性等一系列问题，更容易产生挫折心理，作为班主任应该如何开展挫折教育呢？

情景再现：从受挫的学生到“纠挫”的教师。

“老师，我做不到。”

“老师，我真的不行。”

“老师，怎么考证这么难？”

这是学生小李最常和笔者说的话，每次找到他，他总是以这样的抗拒开始，又以同样的困扰结束。学生小李，在学习、人际交往等方面面临着很多困难，进入中职学校后，他感到自己处处不如别人，变得更加自卑、内向。

小李所表现的行为，是中职生中较为普遍的现象。为了帮助小李应对挫折，笔者制定了一套针对性的改善方案，主要包含倾听、关注、参与和互助等几个步骤。由此，一年级一开始笔者经常主动找小李交流，倾听他的困惑和烦恼，取得他的信任，并适时给予积极的反馈和鼓励。能够顺畅地交流并获得信任，关键在于不断地全方面地对他关注。在聊天中，他经常惊讶于笔者对他了如指掌，因为只有在细节中，才能让人真切感受到关心和被认同。

二年级阶段，笔者结合专业特点帮助小李设定明确的学习目标，从基础课筑基到专业课考证，和小李一起梳理学习中看上去困难却够得着的目标，并制订出具体可行的计划，让他有目标可循，减少因无所事事产生的挫败感，这样的方式切实有效，在小李一次次完成一个个小目标后，回望自己走过的路，惊喜地发现自己已经实现很大的进步。

但是，没有任何方法是一蹴而就的，所以当我们在关注并努力推动改善小李不足的时候，小李因为内心的挫败感在人际交往方面产生一定的困难，笔者猛然发现人的成长并不是片面的，而是立体的，不是单智能化的，而是人格化的，这样才能成为一个有血有肉、有思想有感情的健全人。于是，笔者开始鼓励他参加集体活动，如运动会上做好后勤服务、文艺汇演中某个小角色等，让他在集体中找到自己的位置，去思考并调适自己与各个同学之间的关系，同时鼓励他担任小组长，帮大家整理作业，让他学会承担责任并提高自己的组织协调能力，增强责任感。

通过针对小李定制直面挫折的“组合拳”，小李逐渐变得积极向上，他学会了如何调整自己的心态和行为，客观认识自己，更好地和同学相处，成功地走出困境，把“我不行”变成“我试试”，增强了自信心和抗挫能力。对个体来说已经完成了挫折教育的工作，但如何避免小李再走回头路？如何让更多的学生走出挫折阴影？笔者又开始以小李为“基站”，向周边同样需要帮助的学生开展互助式的挫折教育，而此时的小李已经不是那个需要笔者帮助的学生，在现身说法和授人以渔的系列活动中成为挫折教育的主角。

分析解答：发现产生挫折的阶段性原因是关键。

小李是很多无法直面挫折的中职学生的缩影，只有对症下药才能达到最好的教育效果。首先，学业挫折是产生挫折心理最主要的原因。中职生因中考失利产生挫折感、因所学专业感到失落、因要适应新的学习环境却找不到有效的方法等，这些都需要他们面对更多学业压力。其次，社会交往更加复杂，一方面渴望进入社会得到他人认可；另一方面不善于理解他人，这个时期他们有强烈的自尊、自我实现等社会性需要，因此他们与同学、老师、父母的矛盾增加，产生挫折感。最后，中职生对职业生涯更加敏感、焦虑。带着毕业择业的压力，他们对生活的意义、人生的价值以及人与社会的关系等问题能进行独立思考，但又缺少对自己及社会的正确而全面的评价，对未来的不确定感和可预见的激烈竞争感到担忧、无助。

所以，在中职学校开展挫折教育，可以帮助学生更好地面对学习压力，理解和应对生活中的困难，提升学生的综合素质和应对能力，同时培养学生的意志力和心理韧性，进一步帮助学生通过自我调整来适应社会的变化和发展，为未来的职业发展打下坚实的基础。

策略引导：多向施策才能多效齐收。

班主任作为学生成长过程中的重要角色，在日常工作中应当如何更好帮助学生直面挫折，增强心理韧性呢？

一、以挫折意识强化心理防线

在日常学习生活中，学生不可避免地会碰到各种挫折，班主任需要帮助学生正确认识挫折，通过多种方式增强学生挫折意识，强化心理防线。例如，定期组织关于挫折的班会讲座或开设相关课程，讲座或课程可以涵盖对挫折的理解、面对挫折的技巧、如何从挫折中学习和成长等内容。还可以通过实践活动让学生体验挫折，例如组织长跑比赛、生存挑战等，让学生学习如何坚持和克服困难。通过分享优秀学长真实故事让学生从他人成功经验中学习如何坚韧不拔、不轻易放弃。通过开展心理咨询活动，帮助学生处理挫折带来的负面情绪，并提供应对策略。同时班主任重视建立心理支持系统，创设良好的班级环境，鼓励学生互相交流、分享经验，让他们从同伴那里获得支持和鼓励。

二、以实践成长探索活动序列

在真实情境中锻炼解决复杂问题的技能，是提升中职生抗挫折能力最有效的方式之一。如结合学情开展主题班会，实施挫折教育，以笔者“面对挫折积极应对”为主题开展专题班会活动为例，主要围绕以下几个方面展开。

第一，导入：通过名人挫折经历的视频导入，引导学生思考挫折对个人成长的影响，进而引入主题。

第二，过程：通过小组讨论让学生分享自己的挫折经历，并讨论应对挫折的方法。通过实战演练引入情景剧表演，让学生扮演不同的角色，应对不同的挫折情境，让学生掌握应对挫折的技巧和方法，通过分享交流让部分学生分享自己或他人的成功应对挫折的案例，以及从中学到的经验和教训，引导学生学会从挫折中学习和成长。

第三，总结与应运：通过问卷调查了解学生对本次班会的感受和收获，以及自己在应对挫折方面存在的不足之处和需要改进的地方。

第四，测试评估：通过情境化测试形式，检验学生对应对挫折能力的习得与运用。

除了开展主题班会外，班主任还可以通过鼓励学生参加校内外各类竞赛、组织学生参加志愿活动等方式，帮助学生织好抗挫折的能力网，从容面对人生中的挑战。

三、以评价优化重塑真实自我

传统的单一评价方式容易使中职生产生强烈的挫败感，经常被贴上各种负面标签，因此，建立多元化的评价机制、重视过程性评价和增值性评价、将学生综合素质作为评价的重点成为学生重新认识自己的关键。例如建立多元化的评价体系，在班级评价项目中覆盖学生的综合素质和各方面的才能；设立“最有创意的团队项目”“最有领导力的个人”“最具创业精神个人”等评价项目，让学生在各个方面都有机会得到肯定和表扬，从而降低对单一评价标准的依赖，减少挫败感；将互相评价和自我评价相结合，在具体班级管理中，可以组织学生开展互相评价和自我评价，定期让学生互相评价他们在团队项目中的贡献，或者让他们自我评价在学习过程中的进步和困难。这种多元融合式的评价方式不仅可以帮助学生从不同的角度了解自己的表现，而且可以提高他们的自我认知能力。

教育工作者应充分认识到挫折教育的重要性，积极探索和实践有效的挫折教育方法，并意识到开展挫折教育是一个系统性的工程，需要家庭、学校和社会等各方面的支持与配合，共同为中职生的全面发展创造良好的教育环境，帮助其健康成长并为未来的职业生涯做好准备。

第六篇　麦田的守望

——参加全国班主任基本功大赛感悟

在全国首届中职班主任基本功大赛中，笔者经历了自己班主任生涯中巨大的蜕变。2016年12月8日，笔者有幸参加了全国中职班主任最高水平的比赛，在短短的三天里，笔者不断调整心态，最终获得全国一等奖。当一切尘埃落定，沉下心来回顾自己参赛的历程，这一路走来，压力、挑战、收获、成长……细细品味，竟发现这些已然成为自己一生中最宝贵的财富和难以忘怀的记忆。

一、幸福与感恩

为了备战比赛，学校领导高度重视，从校长到主任再到同事，都给予了笔者无私的帮助。阿巾姐以过来人身份和笔者分享她参赛的经历，帮笔者厘清每个环节答题的要点和步骤；孙曜老师为笔者恶补了心理知识，为笔者打开了一扇新知识的大门；贺学英老师抓紧参赛路上的时间，将职业生涯规划等内容为笔者做了普及；办公室的丽娇和志豪承担着义务试听的任务；德育处李主任、郑主任更是亲自送笔者参加比赛。这不仅是信任，更是无形的集体的力量，让笔者体验着华强的幸福、感受着华强的温暖。同时非常感谢市教育局、全国中职德育工作委员会给予中职班主任这样一个认识自我、展示自我的平台，以及学习与交流、收获与成长的机会。这些都如同一盏盏明灯指引笔者努力的方向。

二、复盘与反思

本次大赛由笔试（占14%）和面试（占60%）两个环节组成，其中笔试又包括基本政策考查（占40%）和主题班会设计（占60%），面试包括教育故事（占40%）和情景答辩（占60%）。下面就笔者个人在这两个环节四个部分的表现和感受作如下总结和反思，使自己能够在不足中进步、在实践中成长。

（一）笔试环节

笔试环节主要由选择题和主题班会设计两部分组成，考试时间是一百二十分钟。选择题分为单选和多选，主要考查选手对与中职教育密切相关的文件法规等的学习和理解。内容主要包括《中等职业学校德育大纲（2014年修订）》等七个文件法规。因为是首届比赛，所以没有试题可以参考，所有需要的材料也都是临时从网上下载。虽然备考时间非常紧迫，但是笔者还是抓住了仅有的时间进行强化复习，在短短十天的时间里将这些知识做到基本掌握。其实过程本身也给笔者不小的启发，很多时候我们是被自己打败的。正如最开始厚厚一沓资料放在面前，自己的无力感一样，笔者甚至没有迈出第一步的信心。但是坚持过来后发现，收获的不仅仅是知识，更是对自己的肯定，把不可能变成可能。

主题班会设计的题目采取五选一作答的方式，很遗憾，在备选的五个题目中都没有笔者提前准备好可以直接借鉴的班会案例。所幸学校开展的主题班会比赛让笔者积累了不少经验，对主题班会的设计有了更清晰的认识和定位，也有一些好的创意思路，知道哪里应该突出主题，哪里应该有学生活动，哪里应该有小组讨论，甚至哪里应该有感动和掌声都已了然于胸，所以即便是面对全新的主题班会设计，依然可以达到心理预期，而这些都和平时点滴的辛勤积累分不开。笔者一直相信幸运是眷顾努力的人的，只有以努力作为基石，才有可能得到“意外”的收获。

比赛时，笔者选择的班会主题是“低碳环保”，随后将这个问题具体化，选择了中学生比较熟悉的城市污染中的汽车尾气污染入手。班会以歌曲导入，引发思考；多重讨论（课前微信群讨论和课堂小组讨论），引出主题；汽车围城，如何突围；视频播放，强化认识；知识竞赛，勇夺第一；绿色出行，榜样先行；印制传单，课后延伸。这一系列环节将低碳环保的概念深入学生内心，倡导学生保护环境、绿色出行。笔者特别设计了表格的呈现方式，分为步骤、主要内容、设计意图和预期效果四个板块，加上每个环节的活动内容，一目了然、脉络清晰，较之于写满密密麻麻四页纸的文字叙述，至少在表述和格式上是一种创新。

（二）答辩环节

面试环节分为模拟情景答辩和教育故事演讲，分A、B组上下午两场进行。

模拟情景答辩。抽题，十五分钟的答题准备，五分钟作答。笔者抽到的是针对学生因旷课将被开除的事件，如何做好与家长的沟通。这是中职学校常见的问题，如何将自己平常的工作和心理学、教育学等理论结合起来应该是答题的关键。笔者首先提炼出关键词，对问题进行定性。材料的关键词为“父母跑长途，经常不在家，孩子晚睡，旷课，学校准备开除”。这个问题涉及德育大纲的内容之一，即对学生进行校纪校规教育。明确问题的性质后，接着分析问题产生的原因和应对的方法。班主任和家长的沟通主要包括以下步骤。第一步，班主任和家长共情，理解家长为了一家老小的辛苦付出，但是孩子的教育也迫在眉睫。教育需要学校、家长和社会的三位一体，而在案例中家庭教育明显是缺失的，所以教师希望家长明白父母对孩子成长的重要意义，希望家长尽量多陪孩子，至少保证父母中的一位可以照顾孩子，或者至少有信得过的亲人帮助，甚至可以向社区求助。第二步，引导家长和孩子共情，理解学生问题产生的原因，青春期学生更需要家长和老师的理解。第三步，在理解的基础上，了解学生旷课的真正原因。第四步，对学生的旷课行为进行批评教育，现身说法，指出孩子现阶段在校学习的重要性。答题过程实际就是将自己平时与家长沟通的实践积累与德育理论相融合的过程，不仅要有理有据，更要有事实支撑。在回答评委提问的时候，笔者既联系了实际，又对一些专业的心理学知识进行了阐释，最终赢得了评委的一致好评。

从备赛角度来看，“模拟情景答辩”，第一层是模拟，选手要做题目中的班主任的替身，并具有丰富的中职学校一线班主任的积累和沉淀；第二层是情景，场景必须是真实的，情感必须是真实的；第三层是答辩，反应要快，思维要敏捷，思想要清晰。这三层可以简单地归纳为：是什么、为什么、怎么办？分析必须得当，对策必须有效。比赛题目凸显了立德树人、建班育人的主题，既有职业学校的特点又不乏新时代的特征，既涵盖了行为习惯、学生品质、理想信念和生命安全教育等班主任的重点工作，又包含了男女交往、媒介素养、心理辅导和就业指导等班主任工作的难点。要求参赛选手精神状态饱满，衣着靓丽大方，“言”值与“颜”值齐飞。

教育故事演讲这个环节应该是语文教师的强项，遗憾的是笔者因过于追求完美而影响了故事的流畅性。和上午的面试环节一样，提前二十分钟抽题，然后以第一人称的角度叙述自己教育教学中的真实案例。笔者抽到的是关于情感疏导方向的案例，虽然之前有所准备，但是为了追求字斟句酌和文采，在演讲过程中缺少流畅度，没有达到预期效果。总结这两个环节发现，之前没有准备到的部分，反而通过冷静分析，有着不错的表现。擅长并且早做准备的故事，反而问题频出。所以在以后的临场表现中一定要注意心态的调适。

比赛间隙，笔者也在现场聆听其他选手的感人故事。被参赛教师讲述的一个个教育故事感动着，分享着他们成功的喜悦，思考着他们提出的教育问题和困惑。笔者也为班主任教师的热情和激情所感动，更被他们的专业素养和丰富的教育智慧所折服，这次比赛充分展现了中职学校班主任教师良好的风貌、风采和风格，体现了中职班主任专业化成长的最新实践探索与水平提升。

1. 把握时代脉搏，体现先进的教育思想和教育理念

参赛同伴能够运用习近平总书记重要讲话精神（重点是关于青年、教育和职业教育的重要指示批示——做“会系扣子”的“四有教师”）以及党和国家政策方针要求来指导工作。特别是一些高水平选手表现了较高理论素养和政策水平，能够熟练运用先进的教育思想和理念来指导实践，能够从教育故事背后揭示出自己对教育行为的所思所想，从教育理论层面进行反思和提升。

2. 践行立德树人根本任务，体现班主任用心用力用情服务学生全面健康成长

选手在教育故事中立足本职岗位，积极践行立德树人根本任务，用心、用力、用情做好班主任工作，用欣赏的眼光看学生优点，用发展的眼光看学生不足，牢固树立人人皆可成才、人人尽展其才的成才观，面向人人，尊重、关爱、理解、服务、指导每名学生健康成长，服务学生全面健康成长，努力成就学生的出彩人生。

3. 情理交融，体现班主任的教育智慧与方法

故事情节结构完整，内容生动，寓事于情，寓情于理，寓理于心，情理交融，有真挚的情感和反思的心路，有画面感和感染力，真真切切感受到的是选手亲身经历的故事和案例。教育故事直面一些学生成长发展中存在的实际问题和学习生活中存在的现实问题，运用教育智慧与方法，巧妙把握和运用教育契机，突出时代特点，积极使用网络新媒体实施教育引导，整合教育资源，形成育人合力，春风化雨，育人无声，触及学生心灵，启迪教育智慧，对启发引导今后的班主任工作具有较强的指导借鉴作用。

4. 精神面貌昂扬向上，体现与学生共成长的职业幸福与快乐

选手的演讲有表情、有感情、有激情、有热情，精神昂扬向上。语言运用合理，表达自然流畅，仪表仪态端庄大方，演讲技巧熟练，态度认真，情绪饱满，声情并茂，激情飞扬。

面对繁重的工作和复杂的学情，班主任自信乐观，向上向善，展现其在学生成长发展过程中的独特价值、魅力与风采。同时，也能深切地感受到班主任带给他们的职业幸福与快乐，享受与学生共成长的岁月与时光。

整体而言，教育故事的环节综合考验选手的辩证思维和教育的艺术性。既有不忘育人初心的责任担当，触及学生心灵的“走心教育”，巧用教育契机的智慧，又提出育人仅有爱、热情、赞赏是不够的思考启迪，实施春风化雨、育人无声的“无痕”教育，促进笔者与学生共成长，具有较强的导向性和创新性，用语言与评委和观众共情，亮点频出。如陶行知先生所言：“爱满天下，乐育英才！”

三、感悟与收获

如果说赛前的精心准备提高了笔者的知识水平，那么赛场的激烈竞争则丰富了笔者的阅历。从全国同行的身上汲取了宝贵的智慧与经验，也打开了自己的视界，让笔者获益良多。回归到最基本且琐碎的日常工作中，那些收获与感悟也渐渐沉淀。

班级工作很容易流于形式与琐碎，时间长了便让人倦怠。实际上每次及时的提炼与反思，都会是日后自己技能进步的一大阶梯。比赛从来是源于日常点滴的累积。这次比赛也让笔者看到自己经验的浅薄、学习的不足，观照好的作品、好的故事，正如一面正视自身的镜子。班主任工作是一门艺术，做好班主任工作，仅有爱心和耐心是不够的，还得讲究方法和智慧。书到用时方恨少，经过比赛的历练，笔者才发现自己在教育管理理

论方面几乎是空白的，比赛后笔者的书架上多了一些书，例如《与优秀教师同行》《教师专业成长的途径》《教师职业道德》《班主任兵法》等。不断充实自己的知识库，提高理论水平。班主任每天都要面对千变万化的教育情境，需要其拥有深厚的内功。要有足够的胸怀来面对工作中的问题，并且要有足够的智慧把问题变成财富。这些都源于平时工作的踏实积累，只有厚积才能薄发。

比赛已经结束，荣耀也已落幕，回归岗位，回归本色。但是成长永远是一个过程，永无止境，思考也是一个过程，永无终点。读写不断，思考就会不断，思考不断，进步就会不断。教师的成长，归根结底是与学生共同的成长。而每点收获，也都能够在班级的土壤中开花结果。唯愿继续踏踏实实地陪伴在学生身边，将自己的每点成长与他们分享，用他们的每点成长来勉励与充实自我，共同勤加灌溉，相信终有花开遍野的一天。相信所有辛勤劳作在麦田间的守望者，在不远的将来，都将收获那一片属于自己的金黄。

第三部分
教学案例与育人案例

教学案例

教学课例一　科学是美丽的

授课学生：中职一年级计算机应用专业2101班、社会文化艺术2110班

学时：1学时

一、课程建设与实施情况

（一）课程建设情况

本课程采用线上线下相结合混合式教学模式，依据中职学校人才培养方案，将语文教学与专业学习相结合；发挥线上学习的特点，将不同专业的学生相融合。本课开设于疫情防控在线教学期间，是一节市级“名师在线”在线教学公开课。在课前充分调查学生学情的基础上，以学生为主体，立足于语文核心素养，以“科学诗”为切入点，从赏析科学诗之美、创作科学诗之美到升华科学诗之美，师生共同踏上感悟“科学求真，真中含美；艺术求美，美不离真”的探索之旅。

为帮助学生充分、直观地感知“科学之美，美不胜收”，教学团队搭建学习资源库，教师在学习平台发布《科学是美丽的》相关科学视频、学案和预习测试卷，对学生第一课时的掌握情况进行针对性点评，收集学生阅读中存在的问题。同时，搜集课文中列举的“电子云”“纳米”“叶绿素”“宇宙流”及与学生专业学习密切相关的“计算机编程”等视频，作为学生课上仿写的素材，加深学生对文中列举的科学现象的理解，并提供科普文章、新闻报道等相关文献，扩充学生的阅读量与知识面，为课程的

顺利开展做好资源准备。

（二）课程实施情况

《科学是美丽的》在线语文公开课于2022年4月7日上线，有86名校内学生在线学习，并有超过390人在线观看了公开课，本节公开课得到了校内外教师的一致好评。本课使用ClassIn平台开展教学，带动师生对线上教学新技术、新平台、新理念进行探索和钻研。信息技术专业和社会文化艺术专业的学生在线跨专业交流、融合，共同写作、修改科学小诗，并发挥各自的专业特长，创作、演唱科学诗《黑洞之歌》。课堂巧妙融入思政元素，学生在跨专业合作中体现了对专业的热爱和探索精神，更透过专业之美，洞见科学之美，较好地实现了教学目标，达到预期效果。

二、教学内容分析

（一）教材地位

本课选自高等教育出版社职教规划新教材《语文·基础模块》（下册）。注重培养学生的基本科学文化素养，聚焦语文核心素养，注重语文教学与学生专业技能的结合。

（二）教材要求

（1）新课标要求。《科学是美丽的》是一篇科普文章。《中等职业学校语文课程标准（2020年版）》对科普类文章的学习要求为：品析科普作品，通俗易懂、深入浅出地阐释科学知识的特点，认识科学精神的内涵，理解科学与人文的关系，培养求真务实的科学态度。

（2）单元教学任务。本课选自第二单元，本单元的学习重点是理解和感受科学之美，提高学生的审美能力，理解科学美是美的一种形态，呈现自然的和谐统一，反映了人类探求真理的内在精神。

（3）课文教学任务。课文通过丰富的事例，运用多种艺术表现形式，阐述了科学世界形形色色的美感，揭示了科学美的源泉。同时，“科学是美丽的”这一主题跨越科学、艺术两个专业领域，对跨学科、跨专业学习提出了新的期待。

本课为第二课时，在学生已对课文的结构、论点、论据有所了解的情况下，进一步深入探求“科学之美”。

三、学情分析

本节课的授课对象为中职一年级2101班信息技术专业和2110班文化艺术专业的学生，正合“科学和艺术比邻而居、紧密相关”的主题。而线上课堂打破了时空限制，使分属“科学”与“艺术”专业的学生能够在同一时空探讨，彼此启发，实现学科融合，朋辈互助。

（一）知识结构

信息技术的学生在科技知识方面有较好的基础，更喜欢《黑洞之歌》，喜爱其科幻意境；文化艺术专业的学生在艺术素养方面有较强的基础，更喜欢《碳是女孩之最爱》，赞同其对内涵美的褒扬。两个专业的学生对文章不同方面的理解各有优势，互为补充。另外，科普类的文章在平时阅读中接触较少，部分学生对科学常识缺乏直观认知，从而对理解“科学之美”形成了障碍。

（二）能力水平

本课为第二课时，学生在上节课对《科学是美丽的》一文的基本结构、论述方法做了梳理，能够基本厘清本文的论述脉络。前一课时的课后练习结果显示，学生在阅读中对“科学诗”的理解存在困难，对作者举例时“用大量篇幅叙述科学诗”提出了疑问，对“科学之美”的理解需要进一步深入。

（三）人文素养

课前问卷显示，学生对科学的认识多集中在枯燥、严肃等关键词，对“科学是美丽的”这一观点认同度不高。中职学生具有强烈的好奇心和更强的实践兴趣，因此本课将实践性与语文素养相结合，将专业能力与语文学习相结合，在动脑、动口、动手中进一步感受科学与艺术融合为一之美。

四、学习目标

（一）语言的建构与运用

掌握科学诗“四个一”写作法，理解“科学求真，真中含美；艺术求美，美不离真”的科学美的内涵。

（二）思维的发展与提升

在对“科学诗”的朗读、赏析、仿写和演绎中理解“科学诗”中包含的科学美，能够运用分析模仿、想象联想和迁移运用等方法撰写科学小诗。

（三）审美的鉴赏与创造

体会到科学与艺术融合之美，从而用新的眼光发现科技发明中所蕴含的美感。结合信息技术与文化艺术专长，创新演绎科学诗，在唱作中体验美感。

（四）文化的传承与理解

引导学生探索中国古典诗词中的科学精神，树立文化自信，激发学生对科学探索的热爱，对国家科技进步的自豪感，对自身专业的认同感。

五、学习重点与难点

（一）学习重点

理解威廉斯写作的科学诗的科学主题及“四个一”的创作思路。

（二）学习难点

运用“四个一”仿写法，撰写科学小诗。

六、教学方法

教法：混合式教学法、任务驱动法。

学法：小组讨论法、自主探究法。

信息化手段：ClassIn教学平台、问卷星、虚拟主播、微课等线上教学工具。

七、教学过程

（一）课前准备

1. 教师活动

（1）在学习平台发布《科学是美丽的》中涉及的“电子云”“纳米”“叶绿素”“宇宙流”及与学生专业学习密切相关的“计算机编程”等视频。发放学案，收集学生阅读中存在的问题。

（2）制作问卷，调查学生对“科学美”的认知和态度。将客观题和主观题相结合，客观题便于分析数据直观呈现，主观题采集提炼高频词，更准确、全面地掌握学情，分专业分析数据。

2. 学生活动

（1） 根据学案复习第一课时知识点，进一步强化对文章观点、结构、例证的理解，完成第一课时课后小测和问卷调查。

（2）将信息技术专业与文化艺术专业两个班的学生混合分组，按分组主题试创作一首科学小诗。

（3）在文中四首科学诗中票选最喜爱的一首，将其配乐并演唱，师生合作自主制作小视频。

（4）上课前5分钟观看科学视频，学生在讨论区自由发言、互动，进入情境，调整好上课状态。

3. 设计意图

（1）运用学习平台和问卷星等数据分析软件，为学生提供学习资源支持，确定学习重难点，在课上进行针对性讲解。

（2）将信息技术与文化艺术两个班的学生混合分组，实现专业互补，课前创作的作品与课中的作品形成对比，体现学习提升。

（3）上课前5分钟视频内容展示的是课文中列举的科学美的例证，引导学生进入课文情境，师生互动为课堂预热。

（二）课中感知

环节一：再现科学之美——学情反馈，营造情境（3分钟）

1. 教师活动

（1）虚拟主播开场，对上一课时课后测验及问卷调查情况进行反馈，引出本课学习重难点——在诗中感悟科学之美、创作科学美。

（2）展示对信息技术和文化艺术专业学生不同学情的分析，体现不同专业对科学及科学美认知的异同，对4首诗喜爱的程度，期待两个专业的学生在课堂上能够融合、碰撞、互补。

2. 学生活动

通过数据分析结果了解自身学习情况，为本课时的学习做准备。

3. 设计意图

（1）运用虚拟主播开场，调动学生学习热情，营造“科技感”氛围。

（2）通过学情分析，锁定重难点，同时展现学生对科学美的初始认知，对科学诗理解能力的初始水平和课后的认知进行对比。

环节二：挖掘科学之美——赏析诗歌，体验美感（7分钟）

1.教师活动

（1）针对课前学生提出的“为何用大量篇幅介绍科学诗”的问题，明确科学诗是科学与艺术的结合，是“科学美”的一种艺术表现形式。

（2）赏析《碳是女孩之最爱》，对比“碳是女孩之最爱”与原谚语“钻石是女孩之最爱”的区别，明确碳是钻石的基本形态，是生命的基本形态，是美的本源。看重雍容华贵的外表美让人走向平庸，探究内涵美、万事万物的本源之美让人走向崇高，应关注科学的内涵美。

（3）赏析《黑洞之歌》，明确这4句诗的写作思路。第一句是有生命力的意象，第二句是用动词及修辞手法描摹状态，第三句则呈现了亮点与契机，第四句是对科学发展的期待。

黑洞不是冷冰冰的恒星的死亡物质，而是人类对宇宙认知的新高度产生的源泉，更包含新物质诞生的无穷可能，感受人类生也有涯，而知也无涯的科学探索美。

2.学生活动

（1）文化艺术专业的女生有感情地朗读《碳是女孩之最爱》，分析诗歌的表达技巧，如对比、渲染等，在诗歌中感受科学内涵之美。

（2）信息技术专业的男生有感情地朗读《黑洞之歌》，分析诗歌的表达技巧及写作思路。对部分难以理解的科学名词如“引力波”可通过网络搜索明晰其概念。

（3）ClassIn软件自动为回答问题的学生赋分，调动学生参与课堂的积极性。

3.设计意图

（1）回归文本，以威廉斯创作的两首科学诗为例，在对语言文字解析的过程中，引导学生感受科学诗歌中艺术的升华与意境的提升，充分体会“科学”与“诗”组合在一起发生的奇妙化学反应。

（2）通过网络检索等手段突破课堂时空限制，提升课堂容量。

（3）对科学诗写作思路的解析为理解诗歌提供了可供参考的框架，同时为下一步仿写诗歌提供了支架。

环节三：创作科学之美——仿写诗歌，演唱诗歌（15分钟）

1. 教师活动

（1）引导学生写作科学小诗。

仿写示范：教师用《黑洞之歌》的形式改写《碳是女孩之最爱》，为学生提供仿写示范，引导学生按照“四个一”原则创作诗歌。

第一句，“一种”事物——捕捉、概括某物/某现象最典型最鲜活的特征。

第二句，“一个”动作——形象展开动态描述。

第三句，“一处”亮点——提炼它的结果 / 功能 / 作用（魅力之处）。

第四句，“一份”期待——畅想人类（我们）与它的关联或互动。

修改创作：教师随机进入课堂讨论组，旁听或给予学生写作建议。

量化自评：在学生创作结束后提供《评分量表》，引导学生自评。

分组呈现：运用在线编辑功能，由各组选出一首代表作呈现在

ClassIn的黑板上。

交叉点评：发起投票，引导学生相互点评，对学生的创作进行小结。

（2）将《黑洞之歌》以学生“云合作”弹唱的方式呈现出来，包括本校声乐教师负责演奏与指导，文化艺术专业学生负责演唱、弹奏，信息技术专业学生负责后期制作合成。

（3）展现学生自谱曲调、独奏弹唱《黑洞之歌》的作品，创新诠释科学美。

2. 学生活动

（1）两个专业的学生打乱分组，形成两个专业学生兼备的5个小组，根据选定的短视频内容及“四个一”仿写法，修改诗歌，步骤如下。

第一步，参照教师的写作提示，诗中需包含：“一种”事物，捕捉特征；“一个”动作，动态描述；“一处”亮点，提炼魅力；“一份”期待，畅想互动。

第二步，打开资源库，从5个科学小视频（“电子云”“纳米”“叶绿素”“宇宙流”“计算机编程”相关视频）中，选定写作对象。观看视频，以小组为单位在线讨论、修改课前试写的科学小诗，提交至学习平台。

第三步，根据《评分量表》为自己的诗歌打分，在讨论区反馈分数，并简单自评。

第四步，每组推选一首代表作打在公共屏幕上，向大家展示，参与评选。

第五步，各组进行交叉点评。全班学生按键投票，选出两首最喜欢的诗歌，并请两名作者上台讲述创作思路。

（2）学生与本校音乐教师在云端合作，按威廉斯演唱的原曲调在线合唱《黑洞之歌》。

（3）一名学生自谱曲调，自弹自唱《黑洞之歌》，用自己的方式创新演绎科学之美。

3. 设计意图

（1）打乱专业分组、在线讨论的形式，使不同专业学生能够在知识与能力上互补、碰撞，各展所长，学以致用。

（2）在选取的5个科学视频中，4个是课本上的论据，1个是学生专业学习实操的内容，在进一步深化文本学习的同时，回归学生专业学习。

（3）写作科学小诗锻炼了学生合作、模仿、想象联想和迁移运用等能力。

运用评分量表直观呈现学习成果，为评价提供落脚点，调动学生学习的积极性，体现增值评价。

（4）两个专业的学生与声乐教师在线“云合作”，在演唱的艺术形式中深入感受科学与艺术相融之美，体现跨时空合作的在线学习优势。学生各展专业所长，培养探索创新能力，增强专业自信心。

环节四：升华科学之美——结合专业，拓展提升（5分钟）

1. 教师活动

（1）回溯中国古诗词中的科学之美，如“人间四月芳菲尽，山寺桃花始盛开”，引导学生关注古诗词中的科学道理、科学精神、科学哲思。

（2）请学生结合专业学习，分别谈谈自己对“科学求真，真中含美”“艺术求美，美不离真”的认识。

（3）以视频为背景，拓展科学之美，总结提升。例如，中国人对于月的情结和航天精神，冬奥会光影黑科技，防疫筛查与信息、数据之美，人工智能AR、VR与未来科学之美等。科学之美，更要由未来的大国工匠去发现、去缔造。美存在于伟大的科学发明和人类创举中，存在于对真理的探索中，也存在于日常的学习、劳动与匠心中。希望学生能以本节课为起点，继续探索科学的奥秘。

2. 学生活动

（1）结合专业学习体验，信息技术专业的学生谈谈对“科学求真，真中含美”的看法，文化艺术专业的学生谈谈对“艺术求美，美不离真”的看法，深入解析科学美与艺术美的关系。

（2）观看小视频，真切体验：科学并不深奥、严格、艰难、枯燥，相反是美不胜收的。探求科学真理之路，将印下我们每个人的足迹。

3. 设计意图

（1）将科学之美与学生所学的信息技术及文化艺术知识联系起来，巧妙融入课程思政元素，回归自身，回归专业学习之美，培养工匠精神、探索精神、专业热爱。

（2）运用视频、图片等多媒体素材生动地呈现更广泛的科学之美、科技之光，增进学生对科技进步的自豪，对祖国未来的信心，力争成为未来的大国工匠。

（三）课后拓展

1. 教师活动

发起周末“古诗词中的科学诗”的收集及鉴赏活动，为学生提供引导和支持。

2. 学生活动

周末分组搜集古诗词中含有科学现象和科学哲理的诗句，并撰写100～200字的鉴赏短文，发布到学习平台上。

3. 设计意图

在古诗词中发掘科学精神和科学哲理，培养、强化学生的文化自信。

八、教学反思

（一）创新与亮点

1. 数据驱动精准施教

通过对课前数据的分析，可以得知不同专业学生的真实学情与学习偏好，锁定学生在学习中的疑惑，从而实现数据驱动精准施教。

2. 跨专业融合优势互补

充分发挥线上教学的融合优势，将信息技术专业与文化艺术专业的学生进行分组、分工合作，发挥各自的专业优势，实现专业碰撞、互补、交流、融合。共同修改打磨的诗歌和演唱作品既是个人审美语言能力和科学严谨精神的体现，也是团队智慧的光芒初显。

3. “四个一”写作法提供支持

“四个一”的科学诗写作方法为学生创作科学诗提供了可参照的依据和可借鉴的范式。从当堂生成效果来看，学生借由“四个一”的方法创作了有内容、有新意、有感情的科学诗作，提升了思维能力。

4. “云合作”融入课堂

学生与教师开展线上合作，将科学诗用演唱的形式演绎出来，不仅能够拉近师生间的距离，更让学生通过在线合作、交流，发挥专业优势，创新演绎形式，完成演唱作品，将课堂氛围推向高潮。

5. 落实核心素养

紧紧围绕语文核心素养，在科学诗的赏析、创作过程中提升语言的建构与运用能力；在分组讨论、碰撞中提升、发展思维能力；在用诗歌、乐曲表现科学美的过程中提升审美的鉴赏与创造能力；在解读文中涉及的外国学者写作的科学诗的同时，引入对中国古典诗词中蕴含的科学知识、科学精神的思考，提升文化的传承与理解能力，树立文化自信。

6. 融合课程思政

课程中巧妙融入思政元素，通过对“科学求真，真中含美；艺术求美，美不离真”的探讨，强化学生对专业的认同感。更进一步借助我国科技日新月异的发展，引导学生热爱专业，运用所学专业为祖国科技的发展和社会进步添砖加瓦，培养专业热爱、工匠精神、探索精神和爱国主义精神。

（二）教学改进措施

1. 注重及时鼓励、评价

部分学生在线发言次数较少。可考虑通过平台的及时奖励、及时反馈功能，生成个人成长曲线，调动其参与课堂讨论的积极性。

2. 课程内涵可以进一步延展深化

科学美的内涵极其奥妙精深，要更进一步回应科学美丽在何处，进一步追寻科学的理性思维、开放精神、辩证精神之美。受课堂时间所限，本课仅用“科学诗”作为科学美的一种表现形式，但并不能代表“科学之美”的全部内涵，在课后也应引导学生进一步阅读、思考，加深对“科学之美”的认识。

九、教学效果

（一）科学诗创作与课堂表达的效果好

“四个一”的科学诗写作方法为学生创作科学诗提供了可参照的依据和可借鉴的范式，从当堂生成效果来看，学生借由“四个一”的方法创作了有内容、有新意、有感情的科学诗作。运用ClassIn平台的实时互动与奖励功能充分调动了学生的学习热情，学生能够结合本专业的学习经验，充分阐释“科学求真，真中含美；艺术求美，美不离真”的内涵，体现了语言的建构与运用能力的提升。

（二）对科学内涵、科学精神的理解更趋深入

通过与课前数据调查的对比分析，学生对科学的理解内涵有所扩大，对“科学是美丽的”这一中心观点的认可度有明显提高。学生能够充分运用模仿、想象、联想和象征等手法写作科学诗，在分组讨论中提升、发展思维能力，激发对科学知识持续关注、探索的兴趣，体现了思维能力的发展与提升。

（三）跨专业融合优势互补，创作出了高质量的演唱作品

两个专业的学生分工合作，发挥各自的专业优势，共同修改打磨的诗歌和演唱作品体现了审美能力的提升。另外，在对《碳是女孩之最爱》一诗的解读中，也体现了学生对“看重内涵，不为虚浮外表所动”的审美鉴赏与创造能力的提升。

（四）举一反三，加深对中国科学诗的理解

在解读文中涉及的外国学者写作的科学诗的同时，引入对中国古典诗词中蕴含的科学知识、科学精神的思考，提升文化的传承与理解能力，树立文化自信，体现了文化的传承与理解能力的提升。

十、引领辐射

（一）听课教师评价高

《科学是美丽的》在线语文公开课有86名校内学生在线学习，并有超过390人在线观看了公开课，本节公开课得到了校内外教师的一致好评。华强职业技术学校任志豪老师表示：整节课充分尊重学生的主体地位，运用ClassIn平台，组织学生在线讨论、表达、自评、互评、小组探讨等，有

效利用信息手段，让学生真正体验科学是美丽的，撰写科学诗是有规律可循的。本节课内容丰富，容量适中，节奏把握得很好，结合学生专业，开展课堂教学，重点突出，是一堂高效的在线名师公开课。

深圳艺术学校周静老师表示：课堂内容涵盖面深且广，通过“挖掘—创作—升华”科学诗之美，层层递进，而且通古博今、跨专业跨学科，激发学生兴趣，很好地启发和带动学生思考参与。同时，课堂通过视频、虚拟主播、云歌唱、ClassIn的分组讨论和授权分享等方式，呈现了一场精彩纷呈的视听盛宴。

（二）助力名师工作室建设

刘蓉蓉名师工作室以此课程为抓手，开展公开课研讨活动及线上线下混合式教学研讨会，进一步巩固教学成果，启发工作室教师进一步探索线上线下教学的新路径。

十一、获奖及推广情况

（一）校际推广情况

刘蓉蓉名师工作室、华强职业技术学校公众号对本课程进行了报道。来自宝安职业技术学校、博伦职业技术学校、深圳艺术学校和深圳大学附属中学等学校的教师参与了课程研讨及推广，进一步挖掘课程内涵，形成可推广的教学范式。运用这一范式，刘蓉蓉老师开设了一系列线上线下混合式教学课程，为全校混合式教学提供典范。

（二）市级媒体报道情况

本课程在深圳市教育科学研究院公众号、深圳新闻网等媒体平台得到广泛宣传，进一步扩大课程的影响力。深圳市教育科学研究院还将本课程向国家级媒体平台推广，形成更广泛的示范效应。

教学课例二 山居秋暝

授课对象：中职二年级动漫与游戏设计2106班

授课学时：2学时

一、教学内容分析

本课程选用中等职业教育课程改革国家规划新教材《语文（高教版）》，结合教育部《中等职业学校语文课程标准（2020年版）》，合理重构课程内容，积极开发校本教材，着力推广专题教学。

《山居秋暝》为教育部《中等职业学校语文课程标准（2020年版）》推荐篇目。重构教材后，属于本校语文课程“古代诗文选读”专题高二上学期的内容。

《山居秋暝》为山水名篇，色韵清绝，于诗情画意中寄托着诗人高洁的情怀和对理想的追求，是王维的经典传世之作，在中国古代文学史上特别是山水田园诗派有着极高的地位与价值。通过学习《山居秋暝》，学生可了解既是诗人又是画家和音乐家的“诗佛”王维，学习他历经繁华后“倚杖柴门外，临风听暮蝉”的平静，并借此学习传承古诗词“山水”传统，进一步理解与品味优秀传统文化，在传承中迸发新的时代活力。

二、学情分析

知识基础：已在课前掌握“解意象、品意境”的古诗词鉴赏技巧，能基本找到《山居秋暝》中的意象，理解诗中意境，能基本读懂诗词，对王维及其写作风格有所了解，但不深入。49号学生对诗词中巧妙用字的敏感度不够，寻找诗眼难度较大。

认知能力：大部分学生既能了解“炼字”的概念，也能基本捕捉诗词中的重点字词，但在聚焦诗眼时有一定的难度，特别是根据诗眼赏析诗歌的能力较弱，从锻字炼句的角度来赏析诗歌的能力较弱。14号学生对锻字炼句有非常好的认知基础，能运用炼字技巧赏析诗词中的关键字或句，并适当迁移运用。

学习特点：对王维的生平逸事较为感兴趣，善于通过知人论世鉴赏《山居秋暝》。搜集、整理资料能力强，喜欢开放、合作、分享的学习方式。26号学生对王维其人了解较少，但对“诗中有画，画中有诗”有了解并有较为浓厚的兴趣。

专业特性：具有较强的形象思维能力，并具有一定的“骨法用笔”相关美术知识基础和美术鉴赏能力，善于操作绘图软件。专业课教师评价15号和31号学生在绘画时笔力稍有欠缺，线条的掌握运用有待加强。

三、教学目标

知识目标：了解“诗佛”王维的生平经历和思想境界。通过挖掘诗中“空、暝、喧、歇”等词的内涵，了解《山居秋暝》的语言特点。

能力目标：运用“润物无声”四步法及多种信息化手段，结合“绘画六法——骨法用笔”理论，找到“诗眼”。能够运用“以炼字析语言”的方法分析诗词语言之美，并迁移运用至美术专业风格设计的任务中。

素养目标：体会诗词意境之美和语言之美，了解“诗佛”王维的禅意洒脱的人生境界，激发对自然山水的热爱，传承融情“山水”的文化传统。

四、教学重难点

教学重点：分析意象，体会《山居秋暝》空灵的意境。

解决措施：创设情境，结合写作技巧中的动静结合来体会意境空灵的特点。

教学难点：归纳古诗词鉴赏中锻字炼句的基本方法，并体会王维寄情山水、看淡俗世的态度。

突破手段：紧扣诗词文本，“寻诗眼，解诗眼”，小组合作绘制思维导图，提炼古诗词炼字方法。

五、教学策略

教学理念：以课程标准为依据，以语文核心素养为导向，以学生为主体，结合动漫与游戏设计专业人才培养方案，在线上线下采用情境化、活动化策略，引导学生在思考、合作、探究中提升语言实践能力和文化理解能力。

教学模式：单篇阅读与群文阅读复合教学模式。

教学方法：情境教学、任务驱动学法；自主学习、分组探究、讨论展示。

教学手段及资源：微课、“学习强国”、XMind-思维导图、超星学习通、概念画板、古文岛、自制地图、智慧职教、朗读指导软件、ClassIn平台、问卷星、学习资源包。

六、教学过程

（一）课前

活动1：初识文本，吟咏怡情

1. 教师活动

【上传资源】上传《山居秋暝》预习资源包，包括微课、名家朗读音视频等，并转发“学习强国”、古诗文网中的相关学习链接。发布思考问题，并收集学生预习中的问题。

问题1：找出诗中意象并构建诗中画面。

问题2：找出文中神光所聚之“诗眼”，并尝试从诗眼分析诗歌。

2. 学生活动

【开放预习】学习微课，多样吟读，上传作品，并在学习平台和学生分享、交流、点赞互动。

3. 设计意图

【自学知新】自学并掌握诗中重点字词等知识，思考问题并提出问题，预热课堂并提高课堂学习效率。上传朗读作业，实现生生互评，激发其学习热情。

活动2：结合专业创新画作

1. 教师活动

【预习指导】指导学生读出诗歌的画面感，布置任务，让学生自主创作《山居秋暝》画作，并邀请专业教师就学生作业进行美术专业视角的点评。

2. 学生活动

【创作画作】学生在理解诗歌的基础上体会王维“诗中有画，画中有诗”的特点，结合诗句理解创作诗意画作，并分享到学习平台。

3. 设计意图

【专业融通】在学习诗词的基础上融合美术专业特长，促进学生以画赏诗的能力提升，实现美术专业课与语文诗词课双向促进。

（二）课中

活动1：浸润导入，吟读山居

1. 教师活动

【以乐导入】以《经典咏流传——山居秋暝》导入，创设情境，音乐旋律优美，空灵委婉，乐美诗雅，营造宁静和雅致的课堂氛围，使学生沉浸式进入课堂。

【古诗新唱】组织学生自由吟读诗歌，创新演绎诗歌，并组织学生展示点评课前点赞作品，以吟读促感。

2.学生活动

【浸润入诗】学生在优美的音乐和唯美的诗意情境中沉浸式进入课堂，陶醉其中，情感自然生成。

【自由吟读】学生在唯美诗意情境中自由尝试多种吟读方式，部分学生进行朗读展示，并票选最佳。

3. 设计意图

【创设情境】让学生浸润诗意进入课堂，更容易融入诗歌，走近诗人，生发情感共鸣。

【反馈激励】对课前作业进行反馈，正向鼓励学生尝试多样吟读，开放自如，通过朗读感悟诗情。

活动2：品王维诗，浅寻意象

1.教师活动

【巧设游戏】模仿《中国诗词大会》图画线索题的形式，课堂展示两幅画作，让其他学生在学习平台上抢答。

【设置任务】引出任务，引导学生找出《山居秋暝》中的意象。

2. 学生活动

【以画寻诗】学生凭借画中江水、孤帆、枯藤和瘦马等猜出对应的诗歌。如《天净沙·秋思》《黄鹤楼送孟浩然之广陵》。

【寻找意象】山、雨、月、松、泉、石头、竹、莲和渔舟等。

3. 设计意图

【激发兴趣】通过抢答活跃课堂气氛，激发学习兴趣，为学生复习意象创设平台。

【构建画面】结合学生专业特长，在结合意象的基础上，从美术的角度构建诗歌画面。全景式山水画：近有泉水矶石，中间是高山深壑、松树成林，远处一轮明月高悬天空。

活动3：诗眼解诗，“空”山不空

1. 教师活动

【以问促解】引导学生寻找统领全诗的诗眼。

【组织分享】组织学生在学习平台分享小组讨论结果，并鼓励借助音乐或图片等辅助阐释。

【层层追问】引导学生向外感受山色之“空”，向内挖掘意境之“空”。

【巧设游戏】组织学生在学习平台的资源库中寻找王维诗句中含有“空”的诗句，平台接飞花，并找出与《山居秋暝》中同样具有“空灵”意蕴的诗句进行赏析。

【小结延伸】教师对“空灵”的内涵进行进一步阐释，“诗到空灵艺始成”。

2. 学生活动

【寻找诗眼】学生思考、讨论并找出诗眼。

【平台展示】在学习通平台展示小组讨论结果，分享、倾听、互评。

【抽丝剥茧】对“空”的内涵进行阐释。

【在线飞花】在线搜索资源，寻找王维诗句中含有“空”的诗句，妙传飞花。

【聆听感悟】在聆听感悟与师生对话中感受诗歌情境，升华情感。

3. 设计意图

【振聩全局】通过寻找诗眼，挖掘诗歌之美，聚焦诗歌意境和内涵。

【头脑风暴】最大限度了解班级学生的观点，形成共识，求同存异。

【象境情生】由问题引导学生深入思考。

【拓展延伸】从禅意的角度感悟课文中的“空”，形成情感的同频共振。通过文献库检索体验在线妙传飞花的乐趣。

【升华共鸣】在教师的小结中进一步升华对“空灵”之美的共鸣体验。

活动4：解悟技法，动静空灵

1. 教师活动

【透析文理】以动静结合为切入点，引导学生找出《山居秋暝》中的写作手法，并进行赏析。

【点拨评价】引导学生思考“白描”手法在诗歌创作和绘画中的运用。正向点拨学生的赏析，鼓励学生大胆表达观点，并就尾联的用典引导学生借助平台资源了解典故，加深理解。

2. 学生活动

【找出技法】动静结合、白描、对仗、倒装、用典。

【解读技法】白描手法描摹，结合美术的白描创作手法深入理解王维“诗中有画”的风格特征。

3. 设计意图

【鞭辟入里】在掌握已有诗歌技法的基础上结合本诗进行赏析。

【深挖技法】在诗歌意象意境的理解上深入挖掘技法，梳理文章脉络，掌握常见技法，做好知识迁移准备。

活动5：骨法用笔，导图提“炼”

1. 教师活动

【融会贯通】引导学生深入赏析诗句中的“暝、喧、歇”等词的意思。结合美术“骨法用笔”理论，指导学生搜索文献资料完成思维导图。

【提炼指导】指导学生提炼出赏析炼字的基本方法。

炼字内容：动词、形容词、数词和叠词等。

炼字要点：字不离词，词不离句，句不离篇。

2. 学生活动

【设计导图】解决课内重点字词。小组合作，结合美术“骨法用笔”，将其与诗词炼字的关键字、主旨句的赏析方法融合，完成思维导图。

【概括方法】总结概括出赏析炼字的方法：解字意、述场景、品意境/形象，并梳理炼字方法分类、炼字步骤和修辞。

3. 设计意图

【提炼方法】理解诗论与画论，寻找共同点。在评价、修改的过程中，师生共同总结出赏析炼字的基本方法。

【展示分享】用设计导图的方法总结方法，生动形象展示成果，激励学生锻字炼字的学习兴趣，让学生在讨论中生发知识领悟，在小组合作中体会到团队协作的重要。

活动6：诗画共鉴，画外有话

1. 教师活动

【组织分享】组织学生课堂展示课前习作，并进行正向评价，鼓励学生在古诗文学习时结合美术专业，使诗画技艺共生共长。

【名画导赏】在专业教师的指导下，组织学生赏析齐白石的画作《蛙声十里出山泉》和王维的画作《江干雪霁图》，引导学生理解绘画与诗歌中的取象、写意、空间建构等共同问题。

【组织讨论】组织学生思考《山居秋暝》应该如何绘画，并结合专业教师的点评讨论课前画作的修改意见。从美术学科的角度，带领学生从取材、色彩、构图3个方面分解山水图。运用虚实结合的手法表现作品的意境。

2. 学生活动

【解读习作】结合美术专业基础和美术专业教师指导，画出《山居秋暝》并进行展示分享，描摹画意。

【写意共鉴】赏析名家名画，理解绘画的写意性以及意象的选择性，与诗歌的意象融会贯通，运用古诗文和绘画作品鉴赏方法自主赏析王维的画作《江干雪霁图》。

【修改习作】学生在语文教师和专业教师的共同指导下，讨论如何修改课前习作，并在组内和组间进行分享。

2. 设计意图

【文专融合】通过作业的布置和完成，促进学生培养专基融通的意识，提高诗画共赏的能力。

【双向促进】基于“诗中有画，画中有诗”的王维诗特点，融合语文公共基础课和美术专业课，从语言艺术到绘画艺术，从抽象思维到具象思维，在审美鉴赏中得到跨学科综合思维历练。

【诗画共赏】诗画共同赏析，促进美术学科知识得到迁移，充分理解“诗中有画，画中有诗”的评价。拓宽学习范围，将其延伸到中国古今山水诗派专题学习乃至中西山水田园诗的比较研究。

活动7：理解情感，悟道心声

1. 教师活动

【鉴赏指导】组织学生在学习资源平台搜索描写秋天的诗句，指导学生进行比较阅读，并引导学生分析讨论出《山居秋暝》的突破点，点评补充学生观点。

突破一：突破“悲秋”文学母题，对于秋不悲也不喜，而是一种恬然的清净。

突破二：以“诗意的栖居”突破人生困境。

【诗意栖居】引导学生尝试进一步深挖意象和意境的禅意，“月”的时空感，“松、竹、莲”的品行象征和“泉、石”的隐逸精神等，进而感悟王维这一常年修禅之人以空净之心观万物的诗情。

2. 学生活动

【讨论比较】学生在学习资源平台搜索描写秋天的诗句，讨论王维写“秋”的突破，进而体悟作者对归隐、洒脱和闲适心志的个性表达。

【悟道禅意】结合意象的深入挖掘，思考王维诗歌中隐含的“一个有着崇高的人格的‘我’的诗歌情感，在永恒精神面前，不怀庙堂腾达之心，却抱山居归隐之志”。紧密结合诗歌文本，体悟文字背后蕴藏的思想情感和主题意蕴。

3. 设计意图

【汇聚智慧】通过搜索学习资源，让学生学会运用和选择合适的资源扩充课堂内涵，通过对比体会王维的“诗意栖居”。

【象生情感】进一步结合意象、意境梳理诗人情感，让情感生发水到渠成。

活动8：依山而建，寻找家园

1. 教师活动

【山水情结】引导学生在王维的精神世界里寻求与自然与山水相融的境界，对话自然，对话山水，对话生命，并引导学生拓展对山水田园诗歌的情怀。

山水对西方人而言也许是人与自然、与城市生活的抗争，对中国文人来说则是“天人合一”的精神修行载体，理解传统文人共有的豁达。即“进，是仕途。退，是山水”。

【对话生命】学生在聆听和感悟与师生的对话中，尝试在王维诗歌和绘画中去体会与山水物我相融的境界。

【思政创新】王维《山居秋暝》的“山水田园世界”弥散着物我相融的洒脱，从政治、道德层面的“归隐”转换到审美层面的“归隐”，在山水田园的宁静中体悟回归自然的乐趣，后世的中国文人进一步传承与发扬，将美好的“桃花源”建构为理想的精神家园。培养学生热爱生命、感悟自然的精神境界。

（三）课后

活动1：知识巩固，评价反馈

1. 教师活动

【布置作业】完成《古代诗文选读专项训练》本课练习。

2. 学生活动

【完成小测】完成《古代诗文选读专项训练》本课练习。

3. 设计意图

【知识巩固】通过作业巩固课堂知识。

活动2：专业拓展，劳动赋能

1. 教师活动

【任务布置】引导学生继续完善并发布“以红色、绿色、古色，为老区上新色”的旅游导览小程序项目；小组合作为小程序中本校所负责的场馆撰写一副对联，体现“锻字”的熟练运用，上下联至少要炼一个字。

2. 学生活动

【学以致用】以小组为单位讨论、探究，确定各场馆的整体意境和建筑风格，并合作绘制初稿。

3. 设计意图

【知行合一】第一，引导学生关注现实，将语文课堂的审美提升运用到专业实践中，将知识融入文化传承和乡村振兴中。第二，劳动教育，工匠精神。以个人技术劳动为“老区焕新”贡献力量；从提升学生遣词造句、锻字炼句的能力中感悟精益求精、追求卓越的工匠精神。

七、教学评价

本课程立足学生课前、课中、课后有关王维《山居秋暝》的实际学习情况，坚持“发展性原则”，最终形成诊断性评价、形成性评价、结果性评价。在此基础上，力求评价有温度、有广度、有深度，通过学生自评、同伴互评和语文教师评价等有机结合，同时参考美术教师评价、企业专家评价和小程序社会认可等多维度评价，完成对学生的多元评价。

八、课后反思

（一）授课实效

本次教学效果良好，教学目标高度达成。通过本课程的学习，学生通过对诗眼“空”的解析，体会诗眼统领全篇的妙处和语言清新脱俗之美，也感悟王维诗歌意境的空灵之美，深刻理解“诗佛”王维禅意洒脱的人生境界。学生结合绘画六法之“骨法用笔”的美术理论，将“骨法用笔”概念引入古诗词鉴赏中，通过课前课中的小组合作任务及课后的开发旅游小程序活动，提升学生的团队协作能力，让学生始终保持积极向上的心态，相互鼓励，协作配合，逐渐养成良好的团队协作习惯。教学方式上引导学生从王维的诗词中体会到热爱自然、融情山水、洒脱天真的人生境界，体现了语文素养和专业能力的双重提高。由于疫情，部分学生无法返校上课，因此在本次教学中使用了ClassIn平台进行线上教学，让学生在云端共享课堂。

（二）存在不足

个别学生因为知识储备有限，在小组讨论环节出现不主动参与的现象。

（三）改进设想

（1）从教师引导的角度出发，引导学生尽量将课前的线上任务在校内完成，减少课后作业量，顺利完成学习任务。

（2）教师通过问题启发和鼓励的方式引导学生参与讨论，实时生成学生参与讨论的量化留痕记录评价，推动每名学生积极思考，踊跃讨论。

（3）从组内合作出发，分工明确，利用朋辈影响力，让任务真正落实到位，高效完成学习。

教学课例三　念奴娇·赤壁怀古

授课对象：动漫与游戏设计二年级2106班

授课学时：2学时

一、教学内容分析

本课程选用中等职业教育课程改革国家规划新教材《语文（高教版）》，结合教育部《中等职业学校语文课程标准（2020年版）》，合理重构课程内容，积极开发校本教材，着力推广专题教学。《念奴娇·赤壁怀古》为中等职业教育课程改革国家规划新教材《语文（高教版）》篇目，重构教材后，属于本校语文课程“古代诗文选读”专题高二上学期的内容。

《念奴娇·赤壁怀古》是豪放派词人苏轼的千古绝唱，除了优美的文字以及壮阔的感情外，还充分凸显了苏轼在诗词创作上的突破，在中国古代文学史上有极高的地位与价值。通过学习《念奴娇·赤壁怀古》，学生可了解苏轼其人旷达洒脱的人生态度，品鉴词中高远的气象、开阔的境界，并可借此传承学习古诗词“山水”传统，进一步理解与品味优秀传统文化，在传承中迸发新的时代活力。

二、学情分析

知识基础：已在课前掌握了有关意象意境、锻字炼句的古诗词鉴赏技巧，对人物形象鉴赏方法有大致了解，但是对《念奴娇·赤壁怀古》中的人物形象归纳存在一定困难。11、18号学生不知道该从哪些角度鉴赏人物形象。

认知能力：对诗词中的人物形象有初步感知，能用“年少有为”“淡定”等词简单概括周瑜的人物形象特点；但是对作者苏轼的形象认知较为模糊。17、20号学生抓取人物特点的能力较弱，不知道如何有条理地分析、总结周瑜和苏轼的人物形象特点。

学习特点：喜欢画人物肖像，对给周瑜和苏轼制作人物卡片非常感兴趣。整理资料能力强，喜欢开放、合作、分享的学习方式。25号同学在本模块前期内容学习上兴趣不大，但是对人物形象分析的兴趣很大。

专业特性：具备“应物象形”相关美术知识基础和美术鉴赏能力，对美术中的人物塑形有基本掌握。32、38 号学生在专业课学习中，在人物塑形方面稍有欠缺。

三、教学目标

知识目标：学习词作的内容，咏赤壁、赞周瑜、叹自己。结合美术专业知识，了解词中意象、典型人物形象及精神内涵。

能力目标：运用“润物无声”四步法及多种信息化手段，结合“绘画六法——应物象形”理论，从美术角度感知与鉴赏古诗词中的人物形象。通过“说特点、析原句、明作用”三步答题法，有逻辑地表达人物形象特点。

素养目标：通过文本鉴赏、知人论世，引导学生体会苏轼贬谪失意、功业未成、壮志难酬的苦闷，理解“人生如梦”的思想内涵，学习苏轼在面对困难时旷达洒脱的人生境界。

四、教学重难点

教学重点：深入解读诗题“赤壁怀古”，由题目承载的深刻意蕴展开对所怀之古人形象的思考，感受咏赤壁、赞周瑜、叹自己的词作内容。

解决措施：诗画结合，知人论世，利用丰富的古诗词学习资源了解背景知识，总结形象特点，并由学生合力完成苏轼人生交互式地图，深入挖掘苏轼跌宕起伏的一生，生发情感共鸣。

教学难点：结合专业理论知识与个人感受，指导学生掌握从人与景的关系入手分析人物形象的方法。

突破手段：第一，专业知识介入，从美术角度为勾勒诗中画面开辟新的路径；第二，紧扣文本，从细节突破。

五、教学策略

（一）教学理念

以课程标准为依据，以语文核心素养为导向，以学生为主体，结合动漫与游戏设计专业人才培养方案，在线上线下采用情境化、活动化策略，引导学生在思考、合作、探究中提升语言实践能力和文化理解能力。

（二）教学模式

单篇阅读与群文阅读复合教学模式。

（三）教学方法

教法：任务驱动、启发引导。

学法：自主学习、合作探究。

（四）教学手段及资源

微课、XMind-思维导图、超星学习通、概念画板、自制地图、朗读指导软件、问卷星、“学习强国”、智慧教室、校本教材、西窗烛诗词APP、古文岛、智慧职教、文献资源库。

六、教学过程

（一）课前

活动1：初识文本吟咏怡情

1. 教师活动

【上传资源】上传《念奴娇·赤壁怀古》预习资源包，包括微课、名家朗读音视频等，并转发“学习强国”、古文岛APP中的相关学习链接。发布思考问题，并收集学生预习中的问题。

（1）分析周瑜的人物形象。

（2）苏轼在赤壁怀古时，为什么选择周瑜来凭吊抒情？

2. 学生活动

【开放学习】观看微课，多样吟读，上传作品，并在学习平台和同学分享、交流、点赞互动。

3. 设计意图

【自学知新】自学掌握诗中重点字词等知识，思考问题并提出问题，预热课堂，提高课堂学习效率。上传朗读作业，实现生生互评，激发学习热情。

活动2：结合专业，制作地图

1. 教师活动

【指导设计】提供古诗词资源平台，指导学生梳理苏轼的人生经历并制作苏轼人生UI交互设计地图，突出转折性事件“乌台诗案”，并指导学生选择周瑜或苏轼制作人物形象名片。

2. 学生活动

【任务驱动】学生分为AB两大项目组，分别负责以“乌台诗案”为转折点的苏轼人生UI交互设计地图上、下篇，突出重点，体现命运转折，并制作相关人物形象名片。

3. 设计意图

【专业融通】运用专业技能，集合团队智慧，让学生掌握“知人论世”“知人论诗”的学习方法，在合作中培养团队协作能力。

（二）课中

活动1：浸润激趣，吟读赤壁

1. 教师活动

【视频导入】播放电视剧《三国演义》中“赤壁之战”的短片，引起学生对于《三国演义》故事与人物的回忆，创设情境，激发学习兴趣。

【古诗新唱】组织学生自由吟读词作，指导学生在吟读时投入豪迈的情感，创意式演绎诗歌，并组织学生展示点评课前点赞作品，以读促感。

2. 学生活动

【浸润入词】学生在紧张激烈的“赤壁之战”的视频情境中沉浸式进入课堂，豪迈的情感随着影音效果自然生成。

【自由吟读】学生在视频情境的烘托下自由尝试多种吟读方式，一吐胸中畅快，结合课前点赞数和部分学生现场朗读展示，投票选取最佳。

3. 设计意图

【创设情境】让学生感受到赤壁之战的激烈性，自然进入课堂，更容易走进诗人，融入词中，生发情感共鸣。

【反馈激励】对课前作业进行反馈，正向鼓励学生尝试多样吟读；课堂鼓励学生通过自由吟读感悟苏轼的豪迈情感。

活动2：交互地图，锤炼风骨

1. 教师活动

【组织展示】组织AB两组学生展示苏轼人生UI交互设计地图，轨迹图（上）侧重于苏轼被贬前的经历，（下）侧重于被贬的经历。

【知人论世】指导学生根据地图显示的行迹地点，侧重于从家庭背景、入仕经历、乌台诗案展开介绍，铺垫《念奴娇·赤壁怀古》的创作背景。

【聚焦作品】引导学生聚焦作品去认识诗人，并介绍苏轼被贬的经历和贬谪期间创作的诗词作品。

2. 学生活动

【成果展示】AB两组学生分别展示课前制作的苏轼人生UI交互设计地图。

【介绍背景】结合课前完成的交互式地图，介绍苏轼的家庭背景，求学、入仕经历，着重介绍《念奴娇·赤壁怀古》创作的重要背景事件"乌台诗案"。

【赏析作品】结合苏轼在"乌台诗案"后的被贬经历和该时期的主要作品，概括该时期苏轼作品特点。

3. 设计意图

【树立自信】合作学习，"知人论世"。通过学生课堂呈现课前学习成果，凝聚团队，培养学习自信。

【提高能力】提高学生知人论世赏析诗词的能力，为深入挖掘诗词内涵、把握诗人情感做铺垫。

【思维提升】展示课前成果，阐释制作过程的理念，生生互评，通过作品继续读懂诗人，与知人论世形成认知闭环，从作品中感悟生动的苏轼。

活动3：浅寻意向，惊涛拍岸

1. 教师活动

【布置任务】布置学习任务单，设置问题，引导学生通过完成任务单寻找意象，构建词中画面。

【点评指导】对学生寻找意象、构建画面进行点评指导，引导学生体会词中豪迈开阔之景、壮志未酬之憾。

意象明确：写大江、乱石、惊涛、骇浪，景物恢宏壮阔，从而联想到当年战争的激烈，引出英雄人物周瑜。

周瑜形象：爱情美满，雄姿英发，指挥若定，建功立业。

2. 学生活动

【做任务单】小组讨论，集思广益，共同完成学习任务单，寻找词中意象，构建上下阕两幅画面：惊涛拍岸图和指挥若定图。

【寻找意象】作者写了哪些景？这是一幅怎样的画面？词中怀的古人是谁？形象是怎样的？

3. 设计意图

【任务驱动】从任务清单着手，以问题为导向，通过小组讨论巩固提升学生寻找意象、提炼意境的能力，并提高团队协作能力。

【提高能力】词与画结合，体会词中的画面感，结合美术专业赏析词中之未尽之意。

活动4：解悟技法，含英咀华

1. 教师活动

【巧设问题】毋庸置疑《念奴娇·赤壁怀古》是宋词豪放派的代表作。豪放在词中如何体现？除了豪放有无委婉柔美之处？

【点评小结】《念奴娇·赤壁怀古》不是一首一般意义上的豪放词，而是苏轼用其冠绝千古的才智写就的兼具壮丽与柔美的大美华章。自伤自慨而非大愁大悲，与下阕柔和的旋律、温婉的基调相一致。

2. 学生活动

【思辨答题】尝试从修辞（比喻、拟人、借代）、炼字（穿、卷）和写作手法（虚实结合）等角度切入，深入对词进行赏析。寻找词中委婉柔美之处，并进行交流赏析。

【聆听感悟】聆听教师小结，更深入理解词中的情感。

3. 设计意图

【深挖词意】通过巧设问题，一步步引导学生在思考豪放特点的同时，尝试发掘词中柔美之意，深入创新探究，令人耳目一新。

【独立思考】培养学生不被“标准”“公认”所束缚的意识，赏析诗词时，可以在进一步深入挖掘诗词意象意境的基础上开拓创新，言之成理，培养独立思维。

活动5：错位布局，应物象形

1. 教师活动

【将错就错】以“人道是”引导学生对文章细节错位的思考（赤壁的地点，小乔的年纪，周郎的形象）。明言错，将错就错，怀古伤今。

【容错创新】鼓励学生结合苏轼的经历和才华，在寻错的基础上分析造成错误的原因，并点评学生的赏析：地点的错位，真实的情怀；错位的形象，真实的自我；错位的时间和样态，真实的心境。

【点评作业】引导学生理解、感悟“应物象形”在古典诗词中的具体应用。对学生课前制作的古诗词典型人物名片做简要点评，并指导学生结合《念奴娇·赤壁怀古》原诗，具体分析概括原诗中的人物形象。

【归纳方法】

步骤1：说特点——用一句话概括诗中人物是怎样的形象。（总体特征+身份）

步骤2：析原句——结合原诗和表达技巧逐条分析形象的具体特点。（提供识别依据）

步骤3：明作用——点明该形象的意义和作用。（作品主旨、思想感情）

【提出建议】指导学生对原有形象画作提出修改完善建议（互评）。

2. 学生活动

【寻错析错】找出词中可能与史实不符的地方，并结合学习平台资源库进行赏析：此赤壁非彼赤壁，小乔非初嫁，羽扇纶巾非周郎。

【错出有因】学生结合苏轼生平，探究创作缘由。

【名片展示】在深刻理解“应物象形”的基础上，结合课前制作的人物形象名片，投屏共享并阐释创作理由。立足《念奴娇·赤壁怀古》原诗，分析诗中主人公周瑜的形象，以及作者苏轼的形象。

【运用方法】以小组为单位结合诗词文本，逐一分析周瑜、苏轼二者形象，并学会按步骤规范回答。

【修改完善】解读完诗作中的人物形象后，再由学生选取刚才分享的作品中自己印象深刻的画作进行点评、提建议，加以完善。

3. 设计意图

【错位思考】以问题激发学生思考，培养学生的思辨精神。

【错中升华】让学生在错位中思考苏轼怀古的初衷：有意错，借古抒怀；有意错，错出艺术。

【趣味课堂】紧扣文本，考究细节。训练学生精读文本的能力，增强学生对细节的把握能力。制作展示人物形象名片，凸显课前和课中的趣味性和连贯性，激发学生的学习参与兴趣。从形象的角度，高度融合语文素养与美术技能。

【能力提升】由感性认知到理性判断，归纳鉴赏人物形象的一般方法，引导学生按要求规范自己的鉴赏步骤和语言表达。

【增值进步】通过课堂探究，深化个人认知，再对之前初步绘制的画作进行修改完善，体现知识的反馈、增进、提升。

活动6：解理情感，畅怀心声

1. 教师活动

【谁笑多情】“应笑我多情”主语是谁以及“笑”的内涵多义性探究。

【组织分享】组织学生分享观点并点评引导，指出“笑”的主语的几种可能性，引导学生从苏轼的人生经历和洒脱的人生境界去着力分析。

【点评引导】肯定学生的创新思维和小组讨论的热烈氛围，结合同样被贬谪失意的白居易和李白，一个“江州司马青衫湿”，一个“但愿长醉不复醒”，总结苏轼面对人生困境的洒脱境界。

2. 学生活动

【寻根究底】学生利用学习平台的资料并结合苏轼的人生经历，深入挖掘“笑”之主语，并进行小组讨论。

【讨论分享】小组讨论，各组派代表分享观点：主语为现实世界、自己、家人亲友、千古风流人物……

【聆听感悟】在深入探究问题的基础上，在聆听感悟与师生对话中，自然生发对苏轼洒脱境界的崇敬之情。

3. 设计意图

【问题导向】以开放式问题引导学生深入思考，提升学生知人论世的能力，由对意象意境的深入分析触及苏轼的人生阅历和态度。

【畅所欲言】从不同角度对“笑”的主语和内容进行分析，鼓励学生以词为基础，不限于《念奴娇·赤壁怀古》本身，打开学生探索之门，鼓励创新，言之成理即可。

【思政融入】重点引导学生读懂苏轼在面对困难时候的洒脱，给学生以困难教育的启发，就苏轼面对挫折时候的洒脱对学生进行挫折教育，润物无声，把握课程育人的重要契机，实现全面育人。

活动7：群文共鉴，省思悟道

1. 教师活动

【赏析拓展】组织学生结合苏轼黄州时期名作的摘录，将黄州时期的苏轼作为整体现象看待。

【引导比较】指导学生结合《定风波》《赤壁赋》找到苏轼黄州时期

作品的共同点。

【小结升华】借用余秋雨先生的评价对苏轼黄州时期的作品进行归纳小结。

2. 学生活动

【延伸阅读】学生通过拓展阅读，接触黄州时期其他作品，如《定风波》《赤壁赋》《卜算子》等作品，借助学习平台资源辅助理解文意。

【分享观点】结合作品，探究苏轼黄州时期作品的共同点，并进行小组间分享。

【生发共鸣】体会苏轼的人生境界。

3. 设计意图

【视角扩大】通过赏析苏轼同一时期黄州的作品，更加深入理解苏轼的“笑”与“人生如梦”的感慨。

【概括共性】通过引导学生概括苏轼黄州时期作品的共性加深强化学生对本词中苏轼豪迈风格和洒脱境界的理解。

【拓展提升】扩大学生的阅读面，提高学生自然生发的共情能力。

活动8：临水而居，寻找家园

1. 教师活动

【水之情结】引导学生找出本词中对江水的描写和理解，并拓展结合其他古诗词中关于水的描写探究中国人临水而居与水的情结。

【引领感悟】结合文本内容，让学生在教师的总结中感悟到江水是永恒的象征，也是中华民族精神家园的栖息地。

2. 学生活动

【共建家园】学生找出词中江水的描述，即“大江东去”“一尊还酹江月”，并进行赏析和理解。

【聆听感悟】学生自然生发对苏轼洒脱态度的理解和认同，在聆听感悟与师生对话中自然生发出以“水”为落脚点的精神家园构建。

3. 设计意图

【升华提升】以江水引导学生深入词的理解，并升华学生对词中精神家园的认同感。

【领悟感知】以词为本，又创新性地落脚于江水，让学生真正理解苏轼豁达人生境界的炼成，自然生发，情感升华。

（三）课后

活动1：知识巩固，评价反馈

1. 教师活动

【布置作业】完成《古代诗文选读专项训练》本课练习。

2. 学生活动

【完成小测】完成《古代诗文选读专项训练》本课练习。

3. 设计意图

【知识巩固】通过作业巩固课堂知识。

活动2：专业拓展，劳动赋能

1. 教师活动

【应用指导】邀请企业专家进一步指导学生塑造旅游推广小程序中各场馆的导览员形象（与场馆文化内涵匹配）。

2. 学生活动

【完善应用】以小组为单位塑造各场馆的导览员形象（与场馆文化内涵匹配）。

3. 设计意图

【劳动赋能】进一步完善小程序的细节设计，以劳动实践为“老区焕新”赋能，凸显学生的家国情怀和奉献精神。

七、教学评价

本课程立足学生课前、课中、课后有关苏轼《念奴娇·赤壁怀古》的实际学习情况，坚持“发展性原则”，最终形成诊断性评价、形成性评价、结果性评价。在此基础上，力求评价有温度、有广度、有深度，通过学生自评、同伴互评、语文教师评价等有机结合，同时参考美术教师评价、企业专家评价和小程序社会认可等多维度评价，完成对学生的多元评价。

八、课后反思

（一）授课实效

本课教学效果良好，教学目标高度达成。学生通过对文本的赏析，体会到苏轼笔下豪迈壮阔的景象，感悟了苏轼在赤壁古迹前借周瑜慨叹身世的无奈，深刻理解苏轼旷达洒脱的人生境界，并结合绘画六法之“应物象形”的美术理论，制作出周瑜和苏轼的人物形象名片。通过课前、课中的小组合作任务及课后的开发旅游小程序活动，提升学生的团队协作能力，让学生养成良好团队协作的行为习惯。教学方式上引导学生从古人事迹中汲取精神力量，引导学生学习苏轼面对困难时的旷达洒脱的人生境界。

（二）存在不足

个别学生对历史知识了解不够，在探寻赤壁之战等三国历史时，对历史背景和重要历史人物了解较少，刚开始的时候难以与人物共情。创作中国古代人物肖像画的经验不足。

（三）改进设想

第一，结合学生兴趣点，借影视资料，如名家讲座、相关影视作品、动画等，让学生了解历史。以此更好地帮助学生分析人物形象。

第二，可提供形象样本给学生，作为创作肖像画的参考。

教学课例四　沁园春·长沙

授课对象：动漫与游戏设计一年级2106班

授课学时：2学时

一、教学内容分析

本课内容选自中等职业教育课程改革国家规划新教材《语文（高教版）》基础模块下册，根据教育部《中等职业学校语文课程标准（2020年版）》开发校本教材，重构课程内容，结合专业技能从美术视角对《沁园春·长沙》进行赏析，坚定文化自信，激发少年壮志。

二、学情分析

知识基础：已在课前掌握了一定的古诗词鉴赏技巧，能够从意象、语言和形象等角度对诗词中的景物描写进行赏析。8号学生不了解诗词中空间结构布局、动静结合和虚实相生等表达技巧的作用，不知道该如何描述诗词中景物的特点。

认知能力：可以读懂诗词大意，对诗词中景物描写的特点和作者情感有着模糊的认知。22号学生难以感受到词中之景的壮丽，难以体会作者的革命热情与自信，难以产生共情。作文中有关景物描写的表达较为混乱。

学习特点：喜欢看视频，搜集、整理资料能力强，喜欢开放、合作、分享的学习方式。13号学生因家长要求，平时较少接触视频网站，很少看视频。

专业特性：有一定的“经营位置”相关美术知识基础和美术鉴赏能力，善于操作绘图软件。11号、27号和46号学生在专业课学习中，构图能力稍有欠缺。

三、教学目标

素养目标：通过对诗词结构布局的学习，体会词中之景的宏大壮阔和青年毛泽东的革命豪情，激发青年学生勇担时代重任、矢志报国的热情。

知识目标：通过VR实景创设情境，布置视频剪辑任务，帮助学生了解并掌握从诗词结构布局的角度赏析诗词中景物描写、体会诗人情感的方法。

能力目标：结合“绘画六法——经营位置”理论，引导学生从诗词结构布局的角度想象词中之景，提高学生感受诗词画面美、体悟诗人情感的能力。通过写作训练提升学生运用空间布局技巧描写景物的能力。通过赏析诗中之景的结构特点，提升学生在美术作品中空间布局的能力。

四、教学重难点

教学重点：通过具体的文本分析，帮助学生了解并掌握从诗词结构布局的角度赏析诗词的方法。

解决措施：将鉴赏美术作品中的空间结构和梳理诗词作品中的景物布局相结合，培养学生从结构布局的角度赏析诗词的能力。

教学难点：引导学生从诗词结构布局的角度想象词中之景，提高学生感受诗词画面美的能力；培养学生体悟诗人情感、生发共鸣的能力。

突破手段：通过VR实景创设情境，帮助学生直观感受词中场景，化抽象为具体，将文字想象以生动画面呈现出来；通过多种朗读训练，在诵读中，强化学生对词作的理解，激发学生共情。

五、教学策略

（一）教学理念

基于“以生为本”的教学理念，依据中等职业学校语文课程标准，结合动漫与游戏设计专业人才培养方案，培养具有家国担当的勇毅青年。

教学模式：线上线下混合式教学；“诗画一律”项目式合作。

（二）教学方法

教法：情景教学、任务驱动、示范讲解。

学法：自主学习、分组探究。

（三）教学手段及资源

信息化手段：微课、朗读训练软件、XMind-思维导图、超星学习通。

教学资源：“学习强国”、智慧教室、校本教材、西窗烛诗词APP、古诗文网、智慧职教、古诗词学习资源库。

六、教学过程

（一）课前

活动1：初识文本，吟咏怡情

1. 教师活动

【个性指导】发布《沁园春·长沙》微课视频和课前小测，提供古诗词朗读训练跟读软件。根据测验结果和跟读软件智能评分准确掌握学情，对学生进行个性化指导。

2. 学生活动

【开放预习】学微课、做小测、练朗读、传作品，并在学习平台和同学分享、交流、点赞互动。

3. 设计意图

【高效自觉】自学掌握组诗字词、文意等基础知识，预热课堂并提高课堂学习效率。

第一，小测反馈，生成预习评价数据分析，聚焦问题。

第二，借助信息化手段，有效踩点跟读训练，并反复练习，聚焦朗读中的弱项着力突破，有效提升朗读水平，更好体会诗词之美。

第三，以平台集赞的方式实现“生生互评”。

活动2：剪辑视频，以画赏诗

1. 教师活动

【设计作业】结合学生动漫与游戏设计专业特点，布置预习后的整体感知作业——视频剪辑，并完成与课文内容相关的四幅画。

2. 学生活动

【剪辑作画】小组合作，以电视剧《恰同学少年》为剪辑素材，合作完成《沁园春·长沙》下阕30秒短视频剪辑。在预习感知的基础上，选取诗词画面作画。

3. 设计意图

【专业融通】第一，培养学生团结协作意识，创新作业形式，将专业学习中视频剪辑与诗词鉴赏相结合，实现专业课与语文课的学科融合和双向促进。第二，培养学生善于将诗画融合的思维，打开诗画赏析的新方法。

（二）课中

活动1：伟人风范，词中有画

1. 教师活动

【新课导入】引导学生用凝练的语言高度概括毛泽东的人物形象，特别是结合词人身份呈现不一样的伟人风范。

他是领袖，他为人民谋幸福，他是共和国的缔造者，他更是诗人，他用平平仄仄的枪声写诗，二万五千里诗是最长的一行。梅花瑞雪，战地黄花，如血残阳，神采飞扬，指点江山，激扬文字，是今朝的风流人物，他就是伟人毛泽东。

【背景介绍】介绍诗词写作背景，激活学生感悟和思考。1925年11月，中国共产党召开第四次全国代表大会，诗人被排挤出党中央，这是诗人事业的第一次打击。《沁园春·长沙》是毛泽东于1925年晚秋，32岁时，离开故乡韶山，去广州主持农民运动讲习所，途经长沙，重游橘子洲，感慨万千所作的词。

【展示图画】以图画形式展示独立寒秋图、万类霜天图、峥嵘岁月图。

2. 学生活动

【聆听感悟】学生聆听诗词，感悟作者的宽广胸襟与博大情怀。学生使用词云软件提炼自己心目中对毛泽东的人物认知，生成词云，找出高频词并分析。

【了解背景】了解写作背景，为深入感知诗人的内心活动状态和精神追求做铺垫。培养学生养成知人论世赏析作品的习惯。

【感知文本】以课前预习作业为基础，通过四幅图画的构图与内容，整体感知文本。

3. 设计意图

【以问促思】以问题切入，引导学生讨论、思考，感悟毛泽东作为词人的魅力。

【知人论世】掌握知人论世的方法，更好地鉴赏诗词作品。

【整体感知】点评作业，通过整体感知文本，使学生进一步体会诗词中的画面之美。

活动2：身临其境，探索空间

1. 教师活动

【VR体验】发布任务，引导学生使用VR眼镜感受上阕中描绘的景色，侧重于角度变化和动静结合：万山红遍、层林尽染、漫江碧透、百舸争流（动）、鹰击长空（动）、鱼翔浅底（动）、万类霜天竞自由（整体）。

【同步小结】引导学生归纳词中的景物结构特点，构成丰富立体的画面。

【聚焦色彩】引导学生使用"随类赋彩"的色彩分析方法，分析该词中的色彩运用，组织学生进行小组讨论，并对汇报进行点评。

【组织讨论】发布讨论任务，结合小组讨论结果，将色彩融入空间，综合分析上阕。

2. 学生活动

【身临其境】学生使用VR眼镜全视角动态影像功能完成任务，感受画面的空间布局和动静交融。

【归纳结构】VR体验结束后，学生总结归纳诗词中的结构特点，即空间上呈现远近、上下立体构图；写作手法上动静结合。并在学习平台同步展示。

【交流汇报】小组合作，分析意象意境，在此结构布局的基础上聚焦词中的色彩运用，自由讨论心中想象的画面，从色彩角度分析词，并进行汇报。

【小组讨论】将色彩与空间结合，用美术语言，向同学介绍上阕景象。讨论后上传。

3. 设计意图

【创设情境】创设词中情境，让学生身临其境感受景象。引导学生自主发现该作品中的空间结构，从美术画面中的"经营位置"，感悟诗词中的“经营位置”。

【小结反馈】小结从创设情境中感受到的空间结构。

【温故知新】巩固上节课所学知识，进一步深入分析该作品景象。

【综合运用】从景物的结构和色彩角度，充分理解词上阕的景物特点，特别是景物的立体结构。

活动3：虚实结合，感悟诗情

1. 教师活动

【组织讨论】从上阕写景到下阕抒情自然过渡，发布讨论任务：上下阕如何过渡？下阕景物呈现有何特点？由问题引出由眼前之景到回忆往事的虚实结合。

【组织活动】组织学生观看剪辑作品，并进行作品点评。

【总结升华】贯穿点拨，总结全词。

2. 学生活动

【小组讨论】以问题为导向，学生深入思考并在小组讨论中碰撞出火花。结合下阕“峥嵘岁月图”和“浪遏飞舟图”，从眼前实景到回忆的虚景，真实体会“虚实结合”的写作特点。

【视频展示】小组展示剪辑的《恰同学少年》短视频，阐述剪辑思路，并进行组间作品点评。

【聆听感悟】聆听感悟，生发共鸣。

3. 设计意图

【场景切换】学习虚实结合的写作手法，并通过课前作业和专业美术知识分享感悟，提高语文理解和表达能力。

【作业反馈】在剪辑、阐述剪辑思路、观看作品、点评作品的过程中，感受下阕传达的革命青年想要改天换地的思想情感。

【情感升华】对下阕内容进行小结，展示青年人的意气风发。

活动4：科学指导，声声入耳

1. 教师活动

【小结衔接】景物的立体（上下、远近、动静——立体画面）、上下阕的设问呼应，均凸显位置经营的重要。

【软件展示】结合课前学生上传的作品，用小视频（30秒）介绍踩点朗读软件，展示学生课前自学和朗读完成情况，积极正面，多元评价。结合学生个案点评，用发展的眼光通过可视化的分数和数据分析肯定学生的进步。

【朗诵指导】在掌握技巧的基础上融入情感的指导，不仅注意节奏、重音、语调、语速，更要注意将词人豪迈的革命情感通过朗诵展示出来，并结合个案，点评提升，教师范读。情感：上阕景物描写辽远壮阔；下阕同学少年慷慨激昂。

【指导示范】结合个案，点评提升，教师范读。“看”景物的壮美，副词渲染、动词呈现，上阕提问豪情满怀，下阕回答坚定有力。

【师生共情】师生配乐共读，激发情感，在朗诵中感悟词的宏大意境和豪迈情感。

2. 学生活动

【回顾体会】回顾知识，体会“经营位置”的重要性。

【学习提升】观看朗诵打卡视频，从雷达数据图中直观感受到朗诵技巧的提升。

【朗读体会】揣摩领悟，齐读诗词。学生感悟，提出问题，学生多形式诵读：自我揣摩、自由朗读、全班齐读、组间问答朗诵、师生问答式朗诵。

【提问模仿】学生提出朗诵中存在的问题，并在教师的诵读示范下模仿练习，采用自由朗读、分角色朗读和齐读等方式强化朗读训练，特别是师生角色扮演，设问朗诵，生发情感，凸显主题，感悟诗词豪迈的革命情感。

【激活情感】师生齐读诗词，在朗诵中升华思想境界，再燃青春热情。

3. 设计意图

【过渡自然】连贯知识，凸显主题。

【作业点评】有效回应课前作业，凸显打卡软件的作用。

【学以致用】进一步掌握朗诵方法，提升通过朗诵感知理解诗词的能力。跟读教学，提高学生朗诵水平。

【水平提升】强化学生的朗诵练习，提升朗诵水平，提升情感领悟能力。

【以诵悟情】升华情感，完成情感目标。在朗诵中升华青春的力量。

活动5：十年奋斗，不忘初心

1. 教师活动

【鉴赏指导】组织学生从写作背景出发，对比阅读《沁园春·长沙》和《沁园春·雪》，从意象意境、结构布局、思想情感等角度，发现两首诗的异同。

相同点为结构布局都是上阕描绘景色下阕抒发雄心壮志，情感豪迈，意气风发。

不同点如下。

（1）表现手法——《沁园春·长沙》用对比描写深秋景色；《沁园春·雪》用拟人描写雪景。

（2）内容主旨——《沁园春·长沙》写毛泽东的远大志向；《沁园春·雪》赞美了祖国美好的河山，由美好的河山引出革命领袖的伟大抱负和坚定信念。

（3）写作背景——《沁园春·长沙》写于1925年；《沁园春·雪》写于1936年，结合社会大背景和毛泽东的处境进行鉴赏。

【总结升华】教师总结，情感升华。

2. 学生活动

【讨论分析】结合古诗词学习资源库，小组讨论，从写作背景出发，结合表现手法、结构布局、内容主旨等方面进行赏析，聚焦《沁园春·长沙》和《沁园春·雪》的异同。分组展示，发表感想；学生互评，交流促进，深化对诗词的具体理解和体会。

【感知体会】学生聆听、感悟，从作品感知时代，从时代萌发民族情感。

3. 设计意图

【汇聚智慧】在阅读过程中不断进行比较、对照和鉴别，这样既可以开阔眼界，活跃思想，使认识更加充分深刻，又可以看到差别，把握特点，提高鉴赏力。

【以读促悟】阶段性总结，升华伟人情怀。

活动6：走近伟人，风格探究

1. 教师活动

【延伸阅读】提供文献资料库，引导学生阅读毛泽东其他意境开阔的诗词，并展开讨论：结合毛泽东的人物生平，分析毛泽东诗词风格和空间结构特点，提炼关键词，并使用词云功能进行投屏。

【教师总结】总结毛泽东既作为伟大政治家、革命家又作为诗人的独特诗词风格。

2. 学生活动

【合作提炼】小组合作阅读文献资料库，结合毛泽东的人物生平，分析毛泽东诗词风格，提炼关键词，上传至学习通评论区。体会到“作者性格决定风格，心之所见目之所及，胸襟开阔的作者才会塑造出如此宏大的空间结构”。

【聆听感悟】学生聆听、感悟伟人毛泽东的诗词风格。

3. 设计意图

【合作提炼】培养学生自主探究能力，了解毛泽东创作风格及宏大的空间结构的成因。

【情感共鸣】通过阶段性总结，感悟诗人的词作风格和人品魅力。

活动7：经营位置诗画同理

1. 教师活动

【跨界融合】以《富春山居图》为例，利用美术中“经营位置”概念，用文字语言描绘画中空间结构的景象。

【总结升华】课堂总结，播放视频，情感升华，激发学生树立大局观、整体观。

2. 学生活动

【层层深入】欣赏画作，看图写话，上传至讨论区。

【聚焦感悟】观看视频，思考感悟。

3. 设计意图

【分层教学】用绘画作品中“经营位置”的概念理解诗词中的空间布局，锻炼写作能力。

作业分层：①赏析画作100字；②诗画结合赏析200字。

【课程思政】融入课程思政，以格局定人生。青年要有大格局，才能定大局。

活动8：家国情怀，古今一脉

1. 教师活动

【引导迁移】指导学生借鉴《富春山居图》的结构巧思对导览小程序的结构布局进行优化。例如，建议构图的角度更远更广，视觉的纵深感就会更强，看到的山、湖交融之景也会更富变化，“遥望洞庭山水翠，白银盘里一青螺”。建议卷轴的背景采用虚化处理，虚实结合，让中间的主体部分得以凸显，与诗词鉴赏“衬托”异曲同工。

【任务布置】由青年毛泽东的家国情怀，引导学生用诗句填充梳理“家国情怀时间线”。学习平台提供的经典的家国情怀的诗句……《诗经·秦风·无衣》“……与子同仇！……与子偕作！……与子偕行！”荆轲《易水歌》：“风萧萧兮易水寒，壮士一去兮不复还。”王昌龄《从军行》：“黄沙百战穿金甲，不破楼兰终不还。”

【播放视频】播放视频，情感升华，激发学生传承家国情怀。

【师生朗诵】配乐朗诵，引导学生再次在朗诵中感悟《沁园春·长沙》的革命豪情。

2. 学生活动

【小组讨论】聚焦任务，小组合作，建言献策，为“老区焕新”贡献力量，结合上节课课后的色彩调整，赏析湖景场馆的清新秀丽，发现正好与场馆中嵌入的诗句匹配——“青荷盖绿水，芙蓉披红鲜”。

【完成任务】结合古诗词学习资源库，小组展开讨论，用诗句完成“家国情怀时间线”。学生补充，例如，王翰《凉州词》：“醉卧沙场君莫笑，古来征战几人回。”陆游《病起书怀》：“位卑未敢忘忧国。”范仲淹《岳阳楼记》：“先天下之忧而忧，后天下之乐而乐。”文天祥《过零丁洋》：“人生自古谁无死，留取丹心照汗青。”林则徐《赴戍登程口》：“苟利国家生死以，岂因祸福避趋之。”

【观看视频】感悟新时代的家国情怀，并以传承新时代的情怀为己任。

【师生朗诵】在师生朗诵中感悟青春之我的力量，弘扬家国情怀的风帆。

3. 设计意图

【举一反三】赏名家名作，深化对知识的理解，并运用导览小程序，优化结构布局。

【深化认识】通过合作完成“家国情怀时间线”，从归纳整理家国情怀诗词的角度出发，进一步通过主题诗词的赏析感悟深化认识，升华情感。

【生发感悟】以每个动人的家国情怀故事引发情感的共鸣。

【融入思政】深植家国情怀，用朗诵表达自己的热血豪情。

（三）课后

活动1：知识巩固，评价反馈

1. 教师活动

【发布小测】发布《沁园春·长沙》课后小测。

2. 学生活动

【完成小测】做练习，写评价。

3. 设计意图

【作业巩固】第一，反馈学生知识掌握情况。第二，了解学生诗词鉴赏中结构鉴赏能力的提升及家国情怀的情感认知。

活动2：整理资料扩容资源

1. 教师活动

【梳理指导】指导学生梳理资料，整理资料库。

2. 学生活动

【整理资料】进一步梳理群文阅读相关资料，整理出毛泽东革命诗词档案，添加到诗词阅读资源库。

3. 设计意图

【提炼完善】拓展课堂容量，提高学生资料处理能力，为诗词学习打下良好的习惯基础。

活动3：专业拓展，劳动实践

1. 教师活动

【任务布置】邀请专家指导学生完成旅游推广小程序中小场馆的空间立体构建。

2. 学生活动

【学以致用】完成旅游推广小程序中小场馆的空间立体构建。

3. 设计意图

【知行合一】进一步完善UI小程序设计，为家乡老区的绿水青山、红色精神搭建推广平台，提供智力支持，实现既扶贫又扶智，展现新青年担当。

七、教学评价

三类评价：根据学生课前、课中、课后有关“经营位置”的实际学习情况，形成诊断性评价、形成性评价、结果性评价，落实本课程教学评价体系所坚持的“发展性原则”。

增值评价：通过对比课前自测与课后再测准确率，完成诗词鉴赏、美术鉴赏知识增值评价；通过学生课前诗词鉴赏与课中诗词鉴赏的思路多样性、语言表达丰富性的对比，以及课前、课后绘画布局结构的合理性对比，完成语文与专业能力的增值评价；通过问卷调查前后对比，完成核心素养增值评价。

多元评价：将学生自评、同伴互评、语文教师评价、专业教师评价、企业顾问评价和小程序社会认可度有机结合，实现教学的多元评价。

八、课后反思

（一）授课实效

本次教学效果良好，教学目标高度达成。通过本课程的学习，学生在理解绘画六法之“经营位置”的基础上，将“经营位置”概念引入古诗词鉴赏中，理解诗词中的空间结构和虚实结合，实现了语文素养和专业能力的双重提高。通过课前、课中的小组合作任务及课后的开发旅游小程序活动，培养学生的团队协作能力，使学生保持积极向上的生活态度，相互鼓励，协作配合，逐渐养成良好团队协作的行为习惯。教学方式上引导学生从伟人诗词中感受革命豪情和青春力量，激发学生树立远大理想和爱国热情。

（二）存在不足

个别学生因为性格内向，在诗词朗诵练习环节不太愿意大声朗诵，朗诵水平提高有限，缺少通过朗诵对诗词理解感悟的能力。

（三）改进设想

第一，通过朗诵打卡个人积分和小组积分相结合，对打卡表现优秀的个人和小组进行奖励性评价，在教师和同学的鼓励下，激励个别学生敢于开口、愿意开口去进行朗诵练习，提高朗诵水平。

第二，结合热点时事，在班级开展朗诵经典诗文的活动，例如建团百年以青年为主题的朗诵活动、以“喜迎党的二十大”为主题的朗诵活动等，实现活动育人与语文教学相结合的形式，让每一个学生参与其中。

育人课例

育人课例一　拳拳父母心，且行且珍惜

——中职学生与父母沟通主题班会教学设计

【教学目标】

知识目标：让学生认识目前与父母沟通的现状及形成原因，了解沟通的意义及有效沟通的几种基本方式。

能力目标：运用多种课堂活动形式让学生思考提高与父母沟通质量的方法，归纳交流策略并尝试运用此策略解决目前与父母沟通中存在的问题。

情感、态度、价值观目标：营造感恩氛围，搭建亲子沟通平台，通过多种形式的课堂手段，让学生更加珍惜亲情，学会感恩，学会与父母相处。

【教学重点】

学生通过自己的思考来解决目前与父母沟通的问题，并体会父母对自己的爱。要学会关心和感恩父母，与父母良好沟通。

【教学难点】

与父母沟通中存在的问题容易发现，但真正能让学生有所触动并促使其思考解决方式，最终达成对父母感恩、主动改善与父母的相处方式的目标是难点。

【课前准备】

首先，进行问卷调查，全面了解学生在成长中与父母的沟通问题，确定班会讨论主题。

其次，分小组，安排任务，开展微信群讨论，准备情景剧表演和诗歌朗诵。

再次，邀请家长代表参加班会，并做发言准备。

最后，制作课件，准备音频、视频等资料。

【教学过程】

一、导入

播放泰国亲子感人视频《一份蛋炒饭》。该视频讲述了一名青春期女孩与母亲争吵离家出走后，在街头接受摊档阿姨一份蛋炒饭并从其口中得知母亲找寻自己的艰辛过程，最后懂得了应当对母亲感恩的道理。

由视频延伸到中职学生与父母沟通的真实现象，并简单举例。

例：父母情是每个人情感里最柔软的部分，父母是我们最亲近的人。但是，视频中所反映的问题也确实是客观存在的。由于沟通不畅，小到误会、争吵，大到离家出走，这些都出现在学生和父母的沟通中。前几天和班级的某个同学聊天，他甚至告诉我从初二到现在，已经有4年没有和爸爸好好说过一句话了。整整4年……这些真的是你们希望看到的吗？

我想答案是否定的。那么怎样才能掌握更好的沟通技巧去改善这些问题呢？我相信，在今天的班会课上大家可以找到答案。

二、选题介绍，明确主题

第一，选题依据：问卷调查分析。

第二，讨论方式：分小组，微信群。

第三，表现形式：课堂情景剧，诗歌朗诵。

例：两个星期前，我们对全校不同专业、不同年级的近400名学生进行抽样问卷调查，分析显示，现在的中职学生认为，交流存在问题最多的周边人群依次是：父母，占47.5%；同学占34.7%；老师占17.8%。为了解决沟通中的突出问题，我们选择了父母与孩子的沟通作为主题讨论的中心，并暂且给这个主题一个诗意的名字——《拳拳父母心，且行且珍惜》。

三、情景再现

学生情景剧表演，真实再现生活中与父母沟通的典型性问题。

四、小组交流讨论

第一，学生以小组为单位进行交流讨论，并结合自身实际，举例谈谈在生活中与父母沟通的常见问题。

第二，线上讨论反馈（PPT展示），展示学生精彩发言，归纳整理关于产生潜在亲子沟通问题的主要原因。

首先，代沟及传统固有思想使父母与孩子在认识上存在差异。

其次，处事出发点与观察角度不同形成沟通不畅。

第三，应对措施。

讨论并归纳与父母有效沟通的几种基本方式：留意看、细心听、多言讲、常常做。（PPT展示）

五、反转剧场

学生运用与父母有效沟通的几种基本方式制定课堂情景剧中反映出的问题的解决方案，以孩子为主动改善者进行情景再现。

六、交流小结

分享感受，分析新的剧情中用到的交流策略。

教师小结

感谢这几名同学的分享，正如反转剧情里面看到的转变一样，现实中的很多问题，在我们用心去思考、用心去面对的时候会产生完全不一样的效果。或许只是一句简单的问候、一个真诚的道歉，甚至仅仅是一个眼神，就能化解很多与父母沟通的问题。

当然，在讨论这个话题的时候，也有一些同学提问，父母是否也应该做出适当的改变呢？诚然，要想有一个更好的沟通环境，双方都去思考、去改善一定是最佳的。但是我们希望大家不要一味地指责父母的不足，而忽视分析自身的问题。我们希望大家主动尝试从自己开始去改变，改变和父母说话的方式，改变和父母说话的态度，我们有理由相信，在看到你们的变化后，父母一定也会有所行动的。今天的课堂听了那么多同学分享自己和父母的故事，我们想不想听一听父母是怎么说的呢？

七、深情对白

家长代表朗诵《孩子，爸爸妈妈想对你说》。

学生朗诵《爸爸妈妈，我想对你们说》。

八、情感提升

教师深情表达，分享感动。

父母与孩子用诗歌的方式进行新的沟通，是多么温情而又充满诗情画意的啊。父母是我们生命中最重要的人，十月怀胎到一朝分娩，从我们来到这个世上开始，我们就成为父母最温暖的负担。从牙牙学语、蹒跚学步到后来求学、工作，每步成长的背后都是父母默默无私地奉献。不仅如此，他们还需要容忍我们的坏脾气，理解我们成长的压力，把重要的事情再事无巨细地反复叮嘱。他们用双脚踏出了儿女的前程，也送走了自己宝贵的青春。而我们早已把所有的这些视为理所应当，甚至开始嫌弃他们，于是我们已经很久没有感动了，很久没有感谢了，甚至很久没有好好地看看我们的爸爸妈妈了。

接下来是希望，“心感动，新行动”，我们希望以今天的班会课为契机，让大家在思考感动之余，也开始新的行动。请放下手机，去珍惜每次和父母沟通的机会。我们还鼓励大家去创造更多交流的机会，陪爸爸妈妈喝喝茶、逛逛街、散散步、爬爬山等，用你所能想到的、能做到的陪伴我们的爸爸妈妈。都说“陪伴是最长情的告白”，也让父母感受到你对他们的爱。陪伴多了，交流多了，问题自然就少了。

在沟通中遇到认识存在分歧的时候，我们希望大家可以多一些理解，多一些包容。虽然我们不能轻易跨越两辈人的代沟，但是请尽可能地设身处地地为对方着想，本着“求同存异”的豁达，不苛责，不强迫，这样很多问题也就迎刃而解了。

当面对沟通中不会表达的困惑时，中国人骨子里的含蓄让我们不愿意也不懂得如何更直接地表达情感，那我们是不是可以把言语转换成行动呢？空闲时为父母分担家务，父母下班后为他们倒上一杯热水，父母劳累时为他们捶捶背，等等，这些看似平常的小事，在父母眼中一定是极其珍贵的。当然如果可以，我们要更加提倡大胆说出自己的想法，告诉爸爸妈妈，我们对他们的爱和感谢。有了这些举动，沟通多了，误会也就少了。

贾樟柯导演的电影《山河故人》里面有这样一句话，“每个身边人陪伴你的都只是生命的一段”。父母是我们人生的依靠，但是这个人生依靠也会有一天离你而去，未来的某一天，你们也会为人父母，“养儿方知父母恩”，到时你对父母亲情会有更加深刻的认识，对亲子沟通会有更加迫切的需求。希望到那个时候，当你回忆起现在的青葱岁月，可以用大拇指来夸赞自己。

孩子们，请敞开你们的心扉，多与父母沟通交流，多珍爱你生命中最重要的人。那样你们才是真正懂事了，成长为大人。

黑板上有两句话是要和大家分享的，“父母情不易，且行且珍惜”。

九、延伸作业

请大家将感动化为行动，回家为爸爸妈妈做一顿饭，哪怕是一道菜，并将自己做饭的感受和照片分享在微信群，作为下一次黑板报的素材。

《拳拳父母心，且行且珍惜》

中职学生与父母沟通主题班会教学反思

本堂课是基于中职学生如何与父母进行有效沟通的主题班会课，本节班会课是要让学生认识目前与父母沟通的现状及形成原因，了解沟通的意义及有效沟通的几种基本方式，并尝试运用此策略解决目前与父母沟通中存在的问题。尽可能地利用课堂搭建亲子沟通平台，通过多种形式的课堂手段，让学生更加珍惜亲情，学会感恩，学会与父母相处。可以说整个课堂下来，已经基本达到以上目标。特别是在学生感恩的情感教育方面甚至是超过预期的，很多学生，包括与会家长都得到很大启发，都有心想要去改变。这就是本次班会最大的收获。

课堂整体设计合理，环节衔接流畅。课堂由感人视频开始，到学生分享感受，用情景剧呈现问题，一步步探究问题，解决问题。从现实出发，到理论指导实践，再由实践继续总结巩固方法论，是一个对学生完整的认知指导和情感体验的过程。同时课堂采用的问卷调查和微信群讨论课前准备形式，不仅节约了课堂时间，最大限度地收集信息，增加传统课堂的容量，而且丰富了班会的形式，提高了学生的参与热情。课堂情景剧呈现问题的方式，也更直接，更触动人心。班会结束时，父母和孩子通过诗歌的方式对话，在传递亲情、达成情感共鸣的同时，也让学生获得了文学艺术美的享受。当然，所有环节的准备，都是学生能力的锻炼过程，我们在解决问题的同时，也让学生能力得到了提高。

一节课下来虽然取得了不错的效果，但是也有一些需要注意的细节问题。例如，以小组为单位进行任务的布置和问题的讨论，形式不错，学生也很积极配合，然而在课堂上，教师对小组的评价和最终的评价是不够的。即便课后可以继续完善，但是在课堂上没有及时为学生创设一个合适的奖励机制，不利于以后的小组活动的开展。同样，对于课堂，对于感动，也可以在课堂结束前让学生谈谈自己的认识，这样可能在分享感受的同时，获得另外一种感动。但是，受限于课堂的45分钟，无法再留出更多的时间，在之后的教学过程可以再适当做减法，让课堂的某些环节，例如方法论的指导再细致一些，从而使课堂的中心更加凸显，指导意义更大。

主题班会是德育教育的重要阵地，虽然一堂课并不能解决所有问题，但对于身心发育正在从成长走向成熟的中职学生来说能达成一次重要的思想与情感的共鸣，我们在分享同龄人的感受的同时，也在影响彼此。所以，作为班主任教师，作为德育工作第一线的责任人，也作为和学生走得最近的知心朋友，我们有必要也有责任去更好地组织我们的主题班会，在学生人生认知的重要阶段帮助他们成长，解决成长中的问题，只有这样，我们的德育工作才是真正有价值的。

育人课例二 线上线下齐助力，育人开拓新阵地

——“学四史，担使命，育工匠”系列主题学习活动

2021年，是中国共产党成立100周年，是“十四五”规划开局之年，是全面建设社会主义现代化国家新征程开启之年。回望百年路，展望新征程。习近平总书记曾在2020年9月22日教育文化卫生体育领域专家代表座谈会上指出：要深化创新理论学习教育，推动理想信念教育常态化制度化，加强党史、新中国史、改革开放史、社会主义发展史教育，加强爱国主义、集体主义、社会主义教育，引导人们坚定道路自信、理论自信、制度自信、文化自信，促进全体人民在思想上精神上紧紧团结在一起。由此，深圳市福田区华强职业技术学校“学四史，担使命，育工匠”系列主题学习活动应运而生，旨在通过学习“四史”，激励青年学生争做担当民族复兴大任的时代新人，引领青年学生学史明理、学史增信、学史崇德、学史力行，形成全校学习“四史”的浓厚氛围，让初心薪火相传，把使命永担在肩。

青年学生正处于人生的“拔节孕穗期”和世界观、人生观、价值观的“塑造成型期”，通过开展红色系列主题活动，帮助青年学生扣好人生“第一粒扣子”，让红色精神引领青年学生、融入青年学生、根植青年学生，坚定青年学生“听党话、跟党走”理想信念，激发青年学生的爱国热情，引导青年学生树立强国之志。

本次“学四史，担使命，育工匠”系列主题学习活动形成了师生共同参与的“一题五步”（一主题，五步骤）的理想信念教育新模式。系列活动共分5期，共推出主题学习微课5期，线下主题班会5期，学生活动8期，主题研讨活动10期，共发布公众号文章24篇，参与师生超过20000人次，

反响热烈。（表1为“学四史，担使命，育工匠”系列主题学习活动安排，图1为该主题学习活动流程图）

表1 “学四史，担使命，育工匠”系列主题学习活动安排表

	线上微课	线下公开课	拓展活动
第一期：新中国史	七十二年看祖国巨变	“学四史，担使命，育工匠”之新中国史	1. 在线知识竞赛 2. 新中国史作品征集
第二期：党史（一）	长征——伟大的远征	“学四史，担使命，育工匠”之党史(一)	“诵红色经典，学百年党史”——革命诗词朗读比赛
第三期：党史（二）	学习百年党史弘扬时代精神——红船精神	“学四史，担使命，育工匠”之党史(二)	1. “学四史，担使命，育工匠”之专家讲座——深圳党史 2. 参观“深圳市党史馆”
第四期：改革开放史	学习社会主义500年历史，汲取“四个自信”奋进力量	“学四史，担使命，育工匠”之改革开放史	1. 参观“大潮起珠江”广东改革开放展览馆 2. 快闪歌曲录制
第五期：社会主义发展史	学习社会主义500年历史，汲取“四个自信”奋进力量	“学四史，担使命，育工匠”之社会主义发展史	社会主义发展史知识竞赛

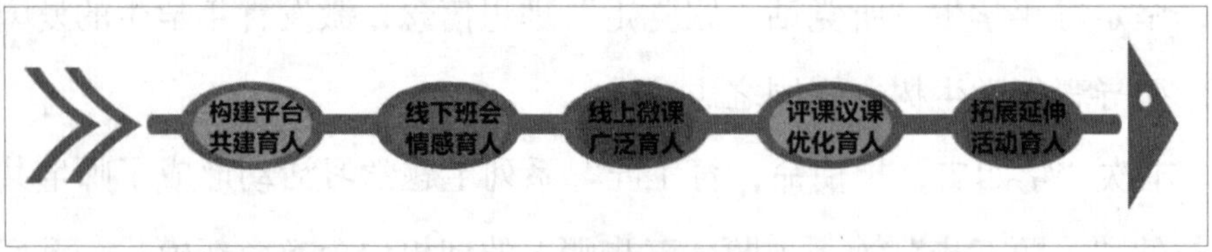

图1 “学四史，担使命，育工匠”系列主题学习活动流程图

一、构建平台，共建育人

2021年开学初，刘蓉蓉名班主任工作室召开会议确定了将深化“四史”学习主题活动作为本学期的工作重点。工作室成员根据专业分组承担学习主题。“四史”主题学习活动的班会设计环节备课任务重、要求高，在各负责小组长的精心组织和统筹安排下，通过集体备课的形式，召开数次线下集体备课和线上集中备课会议。会议内容主要包括备课任务分配、课程资源共享、核心问题聚焦和初稿课件讨论优化等。集体备课为教师的交流、互动、共同提高、共同发展提供了平台，通过意见的交换、思想的碰撞、合作的探讨，集思广益，真正实现知识的互通共享与个性的独立展现，推动了教育教学水平的有效提高。（图2为教师集体备课）

图2　教师集体备课

二、线上微课，广泛育人

为了广泛引导青年学生深入学习“四史”，工作室各小组专门录制了“四史”学习微课，方便师生灵活开展学习。以线上微课的形式将学习内容向更多的师生推广，开展更便捷的“四史”学习。我们不仅将微课推向全校，还推广至华强职业技术学校和对口帮扶的广西、青海、新疆和贵州等学校，让更多青年学生通过线上微课的方式深化“四史”学习，为青年学生的信念世界奠基铸魂。青年学生共同了解祖国发展的重大历史事件，深切感受伟大祖国发生的翻天覆地的变化，以学习中华人民共和国史培养青年学生的爱国热情；感受社会主义制度的蓬勃生命力，以学习社会主义制度发展史坚定发展方向；深刻认识改革开放的伟大创新，感受深圳处在“双区驱动”“双区叠加”的历史发展机遇，以学习改革开放史感知时代的召唤；了解伟大党走过的不平凡的一百年，以学习党史进一步坚定永远跟党走的信念。

图 3　广西学生学习“四史”系列微课

三、线下班会，情感育人

除了便捷的线上微课，线下情感的熏陶更让学生感受深刻。在刘蓉蓉名班主任工作室的倡导下，全校掀起了“同上一节班会课，齐学‘四史’展风采”的主题班会设计浪潮。由工作室小组成员为全校班主任准备了制作精良的课件、视频素材和讲稿，共同带领学生学习“四史”，激发了学生的爱国热情，坚信在党的领导下，我们伟大的祖国会更加繁荣富强。

同时，各小组还准备了主题班会展示课。任志豪老师就从习近平总书记在教体文卫专家座谈会上的讲话导入学习“四史”的重要意义，对筹建中华人民共和国、建立中华人民共和国、巩固中华人民共和国和发展中华人民共和国四个阶段中的重要历史事件进行回顾，特别是以时下热点“晚舟归航”“如果信念有颜色，那一定是中国红”点燃了学生的爱国热情，达到了班会课的高潮，为国庆时的祖国母亲送上最美好的祝福。陈慧老师的党史课聚焦长征胜利纪念日，课堂学生吃土豆的场景让现场师生动容，高唱励志歌曲，弘扬时代主旋律。文杨老师的党史课将党史的信念红船开进改革开放的窗口——深圳，讲述身边的党史故事，让学生近距离感知党史发展。连鹏菲老师结合深圳的改革开放，展示“创意之都”“时尚之都”“科技之都”的无限魅力，总结改革开放取得的巨大成就。罗茜老师的社会制度史学习站在人类历史的发展高度回望社会主义制度发展的伟大历程，并展望美好未来，坚定社会主义制度的优越性。

图 4　全校同上一堂主题班会（1）

图 5　全校同上一堂主题班会（2）

四、拓展延伸，活动育人

课堂理论学习后，工作室还结合主题学习开展了丰富多彩的学生活动，以学习带动更多元的育人方式。学生活动主要呈现以下几个特点。

第一，紧密结合学生专业，开展具有专业特色的活动。

信息技术设计的H5海报，动漫设计专业进行手抄报比赛，导游专业在党史馆客串导游，社会文化艺术专业录制歌曲MV《春天的故事》……让学生在活动中深化理想信念认识的同时生发对专业的认识和热爱，激励学生将所学变为所用，专业学习与活动实践形成良好互动促进。

第二，线上线下混合式开展活动，多样的活动形式点燃学生参与热情。

除了常规的线下活动，本次理想信念系列学习活动还开展了线上知识问答、线上思维导图、视频征集和H5海报设计等在线活动，最大限度地打破了学生参加活动的时空限制，让活动育人深入人心。以“深化四史学习之新中国史知识竞答”为例，线上参与人数高达3344人次，知识点传播量达31849题，对拓宽常规线下理想信念活动的纬度和挖掘活动的深度都有积极的意义。

第三，“走出去，请进来”，浸润式活动凸显润物无声的育人效果。

我们在校内开展齐唱红歌、诗歌朗诵等活动，并邀请深圳市党史馆的讲解员到学校给学生开展讲座，声情并茂展示深圳党史筚路蓝缕的发展历程；凭借学校地处深圳中心区的优势，结合“四史”学习内容，组织学生前往深圳莲花山瞻仰改革开放的总设计师邓小平；前往广东省改革开放博物馆了解“潮起珠江”的波澜壮阔；走进深圳市党史馆，在珍贵的党史资料前触摸感知党史的温度，走出校园，寻找更好的社会资源进一步深化学习。

图 6　学生参加"学四史　担使命　育工匠"系列主题学习活动照片

五、评课议课，优化育人

线下主题班会展示课结束后，听课的教师对课堂作出了翔实的书面评价，纷纷点评"教师讲课富有激情，课堂组织严谨有序""PPT制作精良，教学层层递进，学生参与度高""教学目标明确，密度合理，突出了学生的主体地位，教学效果好"，给予较高的评价，促进全校形成良好的德育科研氛围。

"四史"专题学习策划小组的成员还趁热打铁，就线上微课和线下主题班会展示课开展了积极有效的评课活动。除总结课程亮点和经验外，就学生分享环节的组织、在线测评环节的开展、各环节时间安排和问题聚焦等内容进行了深入探讨和修改建议，实现环节优化育人。

"学四史，担使命，育工匠"系列主题学习活动形成了丰富的教学资源，微课学习灵活、高效；公开课设计精巧，产生了情感共鸣。这些不仅带动了广大学生学习“四史”的热情，将爱国热情推向高潮，也掀起了教师的思政教学热潮；同时积极开展与主题学习相关的特色学生活动，将理论学习与活动实践紧密结合起来，为理想信念学习活动的开展提供了一种新的思路和借鉴。通过“四史”学习实现信念育人、课程育人、环境育人，从而引导广大师生在学史活动中淬炼自己、升华自我。

育人案例三 春风拂面，雨润心田

——“同学，早安”线上特色班级活动案例

“同学，早安”美文朗读活动的灵感源于当代诗人周瑟瑟选编的《读首好诗，再和孩子说晚安》一书。在不能见面的日子里，小伙伴们彼此想念，于是我们希望在每天的清晨都有熟悉的“声”“影”陪伴左右，互道“早安”。相信一句句简单的问候，一定如阳光般和煦，温暖人心，也成为疫情防控期间学生最美的期待。

组织一次班级活动特别是一次系列主题活动，需要一份合适的活动指南，尤其特殊时期，大家不能面对面讨论交流，我们更需提前做好充分的准备工作。此次活动我们的方案经过班长委员会和班级干部委员会两阶段讨论完善而成，这为活动的顺利开展提供了制度保障。

1811班“同学，早安”主题班级活动方案

1811班班委会

2020年初，一场突如其来的新冠肺炎打乱了我们原本平静的生活，改变了我们的生活方式，连面对面的课堂也变成了穿梭于网络数据的空中课堂。好久不见亲爱的老师和同学，我们彼此想念。为了让我们的想念可以通过视频传递，为了能在清晨看到熟悉的身影，听到记忆中美妙的声音，为了能在一天的课堂前给大家道一声“早安”，我们计划开展这一期特别的班级活动。

班级活动实施细则如下。

一、准备阶段

1. 分组：把全班47人分成10个小组，每组4～5人，小组长负责小组活动安排，其他同学积极配合。组长名单如下，大家自己找组长报名，一个小组

最少4个人，最多5个人。

组长名单：江志鸿、陈宇婷、杨玟玟、陈曼琪、文泽灏、赵琪玥、刘子璇、余晓欣、蒋伟智、陈书宜。

请同学积极寻找自己信赖的组长，先到先得。小组名单确定后开始选定主题。小组活动安排由组长统筹。

2. 拟定诗歌主题供小组选择，一个小组统一一个主题，主题先到先得，不能重复。

初步确定可供选择的主题：爱国、防疫、生命、友情、亲情、青春、旅行、四季、时光、节日、思乡、名人名事、偶像。

3. 班主任发活动通知，安排相关准备事宜。

二、实施阶段

1. 每个同学在小组长的安排下展开相关工作。每个同学自选符合小组主题的诗歌或者小短文朗读，并录制小视频（注意，必须是真人出镜露脸的拍摄），视频时长1～2分钟。

2. 组长将收集上来的小视频整合在一起制作成一个完整的视频资料，注意整合不是简单连载视频，而是需要有一些基本的串词连缀突出主题。

3.每天在早上8：15打卡的时候，我们播放一期视频集锦跟大家见面道声“早安”，开启一天愉快的学习。

4 其他同学可以在收看视频后点评视频，简单互动。

三、后续延伸

我们会把收集上来的素材进行投票评选，评选出最具人气的作品和最优秀的作品，开学后给予对应小组奖励和德育加分，未尽事宜，后续补充。

小伙伴们动起来，参加这次有意义的班级活动。

方案一出，立刻在班级微信群里吸引了众多目光，群里热闹非凡，有同学调侃要开始表演，也有同学信誓旦旦要穿着西装闪亮登场……当天晚上就快速完成自主报名工作，剩下5名学生没有参加活动分组。笔者将这几个学生专门建群，提供心理支持，针对性地破解问题，既保证所有学生参加班级活动，又保护了个别学生特殊的小问题和小情绪，让学生在班级里更有参与感和融入感。“不让一个孩子掉队”，不仅仅指学习成绩不掉队，更是在日常班级活动里的存在感不缺失。

小组自由组合完成后就要确定活动主题，本次活动沿用“先到先得，先得先展示”的原则，各小组很快就选定了主题和展示时间，并在周末迅速开始各项筹备工作。从选择朗读材料，到录制视频，再到剪辑配乐，最后制作美篇展示，每个环节都由小组长统筹安排，带动同学积极参与。教师则是在关键环节和方向上进行点拨和引领，给予正向评价和鼓励。

实践证明，学生不仅在最短的时间里大胆朗读展示了自己，还把自己培养成一名优秀的领导者、合格的摄影师和出色的剪辑师。在制作视频的过程中既收获了成长，又收获了满满的感动。

十个小组，十天时间，十全十美。学生从每个小细节着手，努力呈现最好的小组作品，从大家的作品中我们读到了友谊、成长、感恩、爱国、青春和正能量。下面就让我们一起来欣赏吧！

第一组组长：江志鸿　主题：战“疫”

组员：陆心怡，许俊武，陈兴，陈荣涓

《战“疫”》在期待中于周一的清晨和大家见面了，我们为时代的逆行者点赞，为普通的劳动者点赞，为每个自行居家隔离的同胞点赞……为了战胜疫情，我们在行动。

第二组组长：陈宇婷　主题：青春

组员：吴玲霞，吕潮，税欣，蔡晓婷

《青春》帮小伙伴以特殊的形式记录了我们在一起的岁月静好，也成为彼此青春里的一道风景线，时光不老，我们不散。我们正值青春年华，让我们以青春为笔，书写美妙时光。以梦为马，不负韶华。

第三组组长：刘子旋　主题：四季

组员：陈浩锶，刘伟杰，尹文卫

《四季》带给我们高质量的朗读享受，柔美的声音，自由洒脱的状态，创意满分，呈现一组最温馨的四季图画。我们在秋天相遇，在春天思念，相伴最好的似水流年，相许最美的期盼。视频最后的“我，想你了”引起了无数共鸣和感动，相约春光烂漫时共赏春朝。

第四组组长：陈书宜　主题：爱国

组员：詹晓丽，杨洪杰，陈沐跃，李哲远

《爱国》从青年人的视角表达对伟大时代和伟大祖国的热爱。我们为生活在这样一个具有五千年文明的古老国度倍感自豪，更为她所焕发的青春气息和展现的大国风范而自豪不已，我骄傲我是中国人，我热爱我的祖国。

第五组组长：陈曼琪　主题：友谊

组员：蔡伟君，侯佳丽，林宝珊

《友谊》从一个网络热播的抖音短视频开始，从人与人之间的真诚交往到国与国之间的友谊，我们深刻认识到友谊的重要性，拓展延伸，寓意深远。“海内存知己，天涯若比邻”是一种美好，友谊长存是一份期许，为孩子越来越广的视角和越来越深的思考点赞。

第六组组长：余晓欣　主题：亲情

组员：邓佩莹，林晓敏，黄淑娴

《亲情》表达了每个人内心最柔软的情感，那是最温暖的港湾，当我们懂得感恩的时候，我想我们就长大了。视频末尾的“爸爸妈妈，我爱你们”一定是父母听到的最悦耳的声音。

第七组组长：蒋伟智　主题：生命

组员：谭砾培，苏梓杰，陈日辉

《生命》的录制有很多背后的故事，组长最初不敢担此“重任”，慢慢开导后他勇敢尝试，有同学手机坏了不能录制，亲自打电话给家长希望协助……四个害羞的大男孩在多次重新修改后完成了视频的录制，让我们在欣慰结果的同时，更明白了过程的收获远比结果重要。从抗疫英雄的生命价值观到普通人的自我守护，我们一一记录，让我们热爱生活，珍惜生命。

第八组组长：赵琪玥　主题：时光

组员：周凯纯，黄安淇，蔡泽伟

《时光》里昏黄的灯光，记忆中的教室，优美的旋律，清晨的记忆被带回到某个熟悉的时刻。一切都还是年少的样子，创意满满的第八期，熟悉的一幕幕，彩蛋完美结束。

第九组组长：文泽颢　主题：名人名事

组员：孙锦东，卓俊良，敖之杰，邓景昊，张文俊，陈润申，罗幸龙

《名人名事》加长版的八人小组闪亮登场，从近代觉醒先驱鲁迅到人类伟大的科学家爱因斯坦，再到新时代最受人尊敬的钟南山院士，我们从名人的身上感受到超出常人的智慧和人格魅力。

第十组组长：杨玟玟　主题：偶像

组员：陈伟康，林建鹏，章慧盈

《偶像》是什么？我们的偶像已不再是活跃在屏幕的影视演员，而是站

在民族和国家最需要的地方的英雄，就像坚守在抗疫前线的钟南山、李兰娟，解决了十几亿人吃饭问题的袁隆平，他们才是这个时代真正的偶像。

虽然我们的诗歌朗读尚处于初级水平，视频剪辑也还停留在初学和摸索阶段，但是学生的执行力、创新力和团结作战的能力都值得点赞。本次系列活动不仅得到全班学生的积极响应，也得到了教师和家长的积极关注和好评。“同学，早安”系列活动持续两周，共10期活动，全班48名师生共同参加，每篇浏览量超4000次，学生在防疫的非常时期以诗歌朗诵的形式线上互动，打破了时空的限制，大胆的尝试获得了意想不到的效果。汇总10期作品，我们以每篇的点击量评选出最受网络欢迎的作品——《名人名事》和《青春》；通过问卷星调查评选出班集体最喜欢的作品——《青春》和《战“疫”》。和学生一起践行十全十美、有始有终的承诺。在这个过程中，学生收获的不仅仅是呈现的作品，更是团结协作的默契，彼此牵挂的情谊，自我信心的提升和对动手能力的肯定，这些对成长中的孩子来说弥足珍贵。我们也怀揣着梦想和期待，继续前进。